2

전쟁과 외교, 작지만 강한 고려

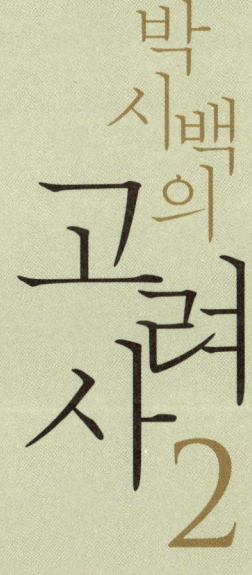

전쟁과 외교, 작지만 강한 고려

Humanist

머리말

　　5,000년 역사를 통해 우리나라를 대표하는 이름으로 자리잡은 것은 조선, 한, 고려 이 셋이다. 조선이 가장 먼저 나오고 뒤이어 한, 고려가 나왔는데 공교롭게도 오늘날에 모두 쓰이고 있다. 남과 북이 각각 한과 조선을 국호로 삼았고 나라 밖에선 남과 북을 통칭해 '코리아(Korea)'라고 부른다. 코리아는 곧 고려로, 우리가 세계에 알려진 것이 고려 때임을 알게 해준다.

　　자신의 존재를 세계에 알린 나라답게 고려는 확실히 외부에 열린 나라였다. 중국을 비롯해 거란, 여진, 몽골, 일본 등 주변 나라들은 물론 멀리 아라비아와도 적극적으로 교류했고, 적지 않은 이들 나라 사람들이 고려에 귀부해 정착했다. 고려는 귀부해 오는 이민자들을 거리낌 없이 받아들였고 이를 통해 자신의 문화를 더욱 풍부하게 했다.

　　자주성이 강한 고려는 외부의 침략에도 단호히 맞서 싸웠다. 거란은 고려를 침략했다가 일찍이 겪어보지 못한 괴멸적 패배를 맛봤으며, 끝없는 정복전쟁으로 인류 역사에서 최대의 영토를 차지했던 몽골도 고려를 굴복시키는 데 무진 애를 먹었다. 외교적 수완도 뛰어나서 필요하면 형식적 사대를 하거나 제3국과 손잡고 상대를 압박했으며, 심지어 이이제이를 하는 모습도 보여주었다. 이는 모두 여차하면 힘으로 맞선다는 태세와 그럴만한 실력이 있었기에 가능한 일이었다.

　　하지만 복잡하고 불안한 주변 정세 속에서 자주적으로 살아남는다는 것은 시련을 동반한다. 세 차례에 걸친 거란의 침입, 40여 년간 이어진 몽골과의 전쟁 등 외부의 침입으로 인한 고난의 시간이 너무 길었다. 당대의 백성들에겐 혹독하기 이를 데 없는 세월이었을 텐데 선조들은 그런 환경 속에서 세계 최초의 금속활자, 팔만대장경판, 고려청자 같은 빛나는 문화적 성취를 이뤄냈다. 실로 작지만 강하고 매력적이었던 나라, 고려!

이 책은 바로 고려에 대한 소개서로, 만화로 보는 고려시대사, 고려 정치사이다. 조선 초에 편찬된 《고려사》, 《고려사절요》에 철저히 기반했기에 이 두 책의 요약서라고도 할 수 있다. 500년 가까운 세월을 다섯 권에 담다 보니 사건과 인물 들에 대한 소개가 생략되거나 간략해 보이는 감이 있을 것이다. 하지만 고려사가 대중적으로 잘 알려져 있지 않은 편이라 지나치게 자세한 소개는 오히려 접근을 어렵게 할 수도 있겠단 판단에서 이 정도의 분량을 택했다. 부디 이 책이 고려사에 대한 관심을 높이고 이해를 넓히는 데 작은 보탬이 되었으면 하는 바람이다.

2022년 2월

차례

머리말 4
등장인물 소개 8

제1장 거란과의 전쟁

거란을 만나다 15
서희와 강동 6주 23
목종과 대량군 29
강조의 변과 목종의 비극 37
거란의 2차 침입 48
거란의 3차 침입과 강감찬 61

제2장 태평시대

고난을 이겨낸 현종 73
덕종과 정종 81
태평성세를 이룬 문종 88
최충과 이자연 99
순종, 선종, 헌종 103
상업 진흥을 꿈꾼 숙종 112

제3장 떠오르는 여진과의 관계

여진 정벌과 동북 9성 127
9성의 반환 136
예종의 정치 143
요와 금 사이에서 148

제4장 잇따른 정변

이자겸의 득세 159
이자겸과 척준경 170
서경 세력의 부상 181
묘청의 난 190
정지상과 김부식 205
인종의 정치 212

작가 후기 220
고려사 연표 222
고려 왕실 세계도 229
정사(正史)로 기록된 고려의 역사, 《고려사》와 《고려사절요》 231

등장인물 소개

성종
고려 제6대 왕.

서희
거란의 1차 침입 때 외교 담판으로 거란군을 돌려보내고 강동 6주를 얻어낸다.

목종
고려 제7대 왕. 후계자 문제로 비극을 맞는다.

천추태후(헌애왕후)
성종의 누이이자 목종의 모후. 대량군을 없앨 음모를 꾸민다.

현종(대량군)
고려 제8대 왕. 험난한 잠저 시절을 보내고 왕위에 오른다.

강조
정변을 일으켜 대량군을 왕으로 세운 무신.

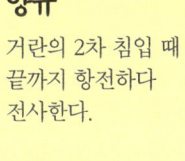

양규
거란의 2차 침입 때
끝까지 항전하다
전사한다.

강감찬
고려의 명장.
거란의 3차 침입을
맞아 흥화진과
귀주에서 대승을
거둔다.

하공진
거란의 2차 침입 때
자신이 볼모가 되는
조건으로 거란군을
철병시킨다.

문종
고려 제11대 왕.
고려의 성세를 이끈다.

덕종
고려 제9대 왕.

정종
고려 제10대 왕.

최충

이자연

문종 대를 대표하는 두 문신. 모두 문하시중을 역임한다.

순종
고려 제12대 왕.

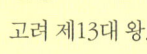
선종
고려 제13대 왕.

헌종
고려 제14대 왕.
숙부에게 왕위를
물려준다.

숙종
고려 제15대 왕.
조카 헌종을
몰아내고
왕위에 오른다.

윤관
여진 정벌을 지휘한 문신.
별무반 창설을 건의하고
동북 9성을 쌓는다.

예종
고려 제16대 왕.

인종
고려 제17대 왕. 이자겸의 난과 묘청의 난을 겪는다.

이자겸
예종과 인종의 장인이자 인종의 외조부. 외척으로 권세를 누리고 전횡을 일삼는다.

척준경
여진 정벌에 연거푸 공을 세운 무신. 이자겸과 함께 난을 벌이나, 이후 인종에게로 돌아선다.

묘청
도참설로 중앙 정계에 진출한 승려. 서경천도가 실패하자 난을 일으킨다.

정지상
서경 세력의 중심이자 고려를 대표하는 시인.

김부식
경주 출신의 문신. 묘청의 난을 평정하며 인종 대에 최고 권위를 누린다.

제1장

거란과의 전쟁

985	송, 고려에 거란 협공 제안
993	거란, 소손녕을 필두로 1차 침입
	서희의 외교 담판으로 거란과 화약
997	성종 훙거, 목종 즉위
1004	송과 거란, 전연의 맹 체결
1009	강조의 변으로 현종 즉위
1010	거란의 2차 침입
1011	거란, 개경 점령
	현종, 나주로 파천
	거란군 철수, 현종 귀경
1018	거란, 소배압을 앞세워 3차 침입
1019	귀주대첩

◀ 낙성대 강감찬 장군 동상
강감찬의 출생지로 알려진 낙성대는 강감찬이 태어나던 날 하늘에서 큰 별이 떨어졌다고 하여 붙은 이름이다. 고려시대에 세운 3층 석탑이 남아 있다. 서울시 관악구 소재.

거란을 만나다

거란 장수 소손녕이 이끄는 대군이 이미 압록강을 건넜다는 소식이 전해진 것이다.

고려는 서둘러 각 지역의 군사들을 불러 모으고

지휘부를 꾸려 북계로 출병했다.

성종도 서경(평양)에 직접 행차해 군사를 격려했다.

서희와 강동 6주

서희는 강직하기로 이름 높았던 서필의 아들로 열아홉에 급제해 승진을 거듭했다.

광종 말년엔 송나라에 사신으로 가서 외교관계를 재개시켜 외교적 수완을 보여준 바 있다.

마음에 든다. 그대를 검교 병부상서에 제수하노라.

황은이 망극하옵니다.

이때는 중군사로서 고려군을 지휘하는 핵심 3인 중 한 사람이었다.

어려운 걸음을 하게 만들어 미안하오. 부디 몸성히 잘 다녀오오.

신명을 다해 맡은 바 소임을 다하겠나이다.

● 예폐사(禮幣使): 공경의 뜻을 담은 선물을 전하고자 보내는 사신.

장흥진, 귀화진, 곽주, 귀주, 안의진, 흥화진, 선주, 맹주에 성을 쌓아 고려의 영토로 확보했다. 확보한 곳에 6주를 설치했으니, 흥화, 용주, 통주, 철주, 귀주, 곽주로 이른바 강동 6주다.

고려는 이듬해부터 거란 연호를 사용하면서 약속을 지키는 모습을 보이는 한편

올해는 순화 5년이 아니고

통화 12년

송나라에 사신을 보내 이렇게 제안했다.

지난해 거란이 침노한 일에 대해 복수를 하려 하옵니다. 하오니 폐하께서 삼가 원군을 보내주시기를 청하옵니다.

북쪽 변방이 이제 겨우 편안해졌는데 경솔하게 움직이기 곤란하다.

한마디로 NO!

이후 고려는 송나라와 단교했다.

뭣이여?

도움이 안 되는 송과 계속 교류해서 거란의 화를 돋울 필요가 있나? 당분간 거란과 교류하면서 고려의 이익을 도모해야지.

목종과 대량군

강조의 변과 목종의 비극

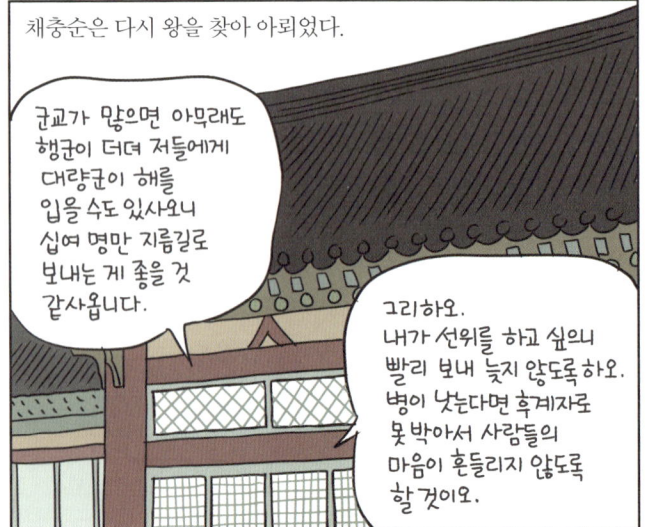

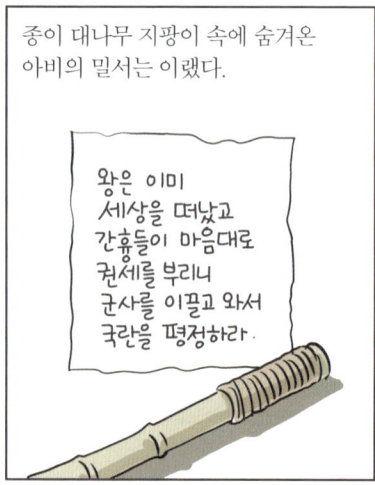

거란의 2차 침입

거란군은 항복하지 않은 성, 함락하지 못한 성을 남겨둔 채 남진을 계속했다.

서경에 이르렀는데 서경성도 완강히 싸워 무너지지 않았다.

그런데 서경이 함락되었다는 잘못된 정보가 전해지면서 조정은 항복을 논의하기에 이르렀다.

항복밖에 길이 없을 듯 하옵니다.

신의 생각도 그러하옵니다.

강감찬이 나서서 반대했다.

오늘의 일은 그 죄가 강조에게 있으니 걱정하실 것 없습니다. 다만 적은 군사로 많은 적을 대적할 수 없으니 예봉을 피해 훗일을 도모하시는 게 옳사옵니다.

우선 남쪽으로 파천하시옵소서.

강감찬의 주장을 받아들여 현종은 후비들과 함께 금군 50명의 호위를 받으며 피난길에 올랐다.

현종의 피난길은 비참했다. 얼마 안 되는 호위병 중에서 도망하는 이가 속출하고

뒤에 현종은 양규에게 공부상서를 증직하고

아들을 교서랑에 제수하는 한편 부인에겐 해마다 100석의 곡식을 주도록 하면서 다음의 교서를 내렸다.

그대 남편은 장수로서의 지략을 갖추었고 올바른 정치의 도리를 알았다...
한번 칼을 뽑으면 만 명의 적군이 다투어 달아나고 강궁을 당기면 모든 군대가 항복했다. 이로부터 성과 진이 온전할 수 있었고 군사들은 더욱 씩씩해졌다.
여러 차례 승리를 거두었으나 불행히도 전사하였다. 빼어난 전공을 기억하여 이미 공에 따라 벼슬을 올렸으나 다시 전공에 보답할 생각을 간절히 하여 더욱 널리 알리고자 한다. 그대에게 해마다 벼와 곡식 1백 석을 종신토록 내리노라.

김숙흥에게도 장군을 추증하고

그의 모친에겐 해마다 50석의 곡식을 내리도록 했다.

한편, 파천길의 현종은

공주에 이르러서 절도사 김은부의 극진한 영접을 잠시 받았지만

전주에선 전주절도사의 위협을 받았더랬다.

절도사 조용겸이 왕을 붙잡아두고 위세를 부리려고 위협을 가했지.

다행히 자채문 장군이 현명히 대처해 물리쳤지만.

거란의 3차 침입과 강감찬

거란 성종은 인질로 데려온 하공진이 마음에 들었다. 아내를 얻어주고 연경에 살도록 했는데….

공진이 준마를 여러 필 사서 고려로 돌아갈 궁리를 하고 있다 하옵니다.

그으래? 공진을 불러오라.

사실이옵니다. 제가 본국인 고려를 배반할 마음이 없으니 그 죄가 죽어 마땅하오나 살아서 폐하를 섬기고 싶은 생각은 없사옵니다.

하! 충신! 싸나이다! 저번에 강조도 이러더니…

다시 한번 생각해보거라. 최고의 대우를 해주겠다.

거참 예의를 갖춰 말하니까 못 알아듣네. 너를 모실 생각 없다고 전~혀!

죽여라!

● 소배압: 《고려사》에는 소손녕이라고 나오나, 오기로 보인다.

마침내 귀주에서 양측 간 대회전이 벌어졌다.

와

거란군도 죽기 살기로 싸웠지만

우리 그냥 집에 가게 해달라고오—

아무래도 그들은 퇴각하는 처지, 고려군의 총공세가 한층 격렬했다.

그렇게는 못하겠다 오랑캐들아—

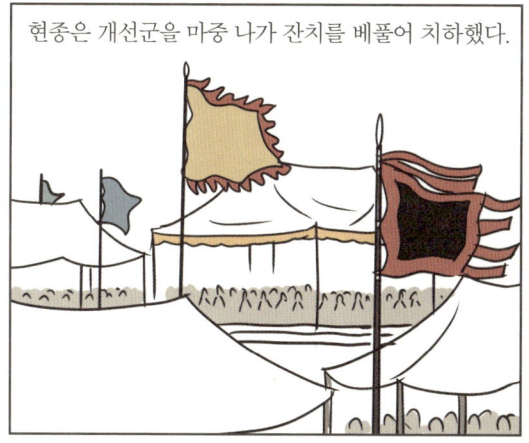

서른여섯의 다소 늦은 나이에 장원으로 과거에 급제했고

60대에 이르러서야 이부상서에 올랐을 만큼 출세는 빠르지 않았다.

거란의 2차 침입 때 현종에게 파천을 건의한 일로

나중에 현종은 강감찬을 평장사에 제수하면서 고신장에 직접 이렇게 썼다.

경술년에 거란 오랑캐가 전쟁을 일으켜 한강에까지 깊숙이 침범해왔노라. 당시에 공의 계책을 쓰지 않았더라면 온 나라가 야만이 되었으리라.

화!

이런 사례가 일찍이 있었던가?

가문의 영광입니다요~

작고 못생겼으며

청렴한 탓에 차림은 늘 허름했다.

● 문곡성(文曲星): 점성술로 운수를 점칠 때 활용하는 별 중 하나로, 학문과 필력을 관장하는 별이다.

제2장

태평시대

1014	김훈, 최질 등의 주도로 무신란 발생
1031	현종 훙거, 덕종 즉위
1033	천리장성 착공
1034	덕종 훙거, 정종 즉위
1038	거란 연호 시행하며 국교관계 복원
1046	정종 훙거, 문종 즉위
1071	송에 사신을 보내 국교관계 복원
1080	동번 여진의 난 진압
1083	문종 훙거, 순종 즉위
	순종 훙거, 선종 즉위
1086	거란에 압록강 각장 설치 중단 요청
1094	선종 훙거, 헌종 즉위
1095	이자의의 난
	헌종이 계림공 희에게 양위, 숙종 즉위
1097	주전관 설립
1101	남경개창도감 설치
1104	여진과의 전투에서 패배, 별무반 편성
1105	숙종 훙거

◀ 영통사
황해북도 개풍군 오관산에 자리한 영통사는 현종 18년(1027)에 창건된 사찰이다. 대각국사 의천이 출가하여 이곳에서 불도를 닦아 훗날 천태종을 열었다.

고난을 이겨낸 현종

불우했던 잠저 시절을 보냈고

즉위 과정은 또 얼마나 위험천만했던가?

즉위하고선 곧바로 거란의 침입으로 위태로운 피란길을 떠나야 했다.

이러한 고난에도 군왕으로서 그는 반듯했다. 즉위 초 신하들에게 내린 교서를 보자.

이제 짐이 외람되게 왕업을 이어받아 큰 사업을 계승하면서… 경계하고 두려워하는 마음으로 깊이 아로새겨야 할 바를 몇 가지 제시하노라.

재상의 지위는 실로 백성들이 우러러보는 자리이니 임금이 빠뜨리는 것을 보완하고 정책을 건의할 것이며, 치국의 근본이 어디 있는지를 헤아려 왕업을 도우라.

인재를 가려내고 관리를 선발하는 직무를 맡은 사람들은 초야에 묻힌 현인들을 잘 찾아내 버려지는 일이 없도록 할 것이며 인사에 공정을 기하고 아부하는 무리의 말을 배격하라.

법령과 규율을 집행하는 사람들은 죄상을 심리하고 판결을 내림에 있어서 죄인을 불쌍히 여겨 가혹한 형벌을 내리지 말고 정상을 잘 참작해 억울함이 없도록 해라.

…

지방의 목민관들은 각자 애민 정신을 간직해 만물을 아끼는 마음을 잊지 말라.

변방을 지키는 지휘관들은 부대를 잘 조련하여 용맹한 군사를 길러냄으로써 불의의 사태에 힘써 대비하고 군율의 해이를 경계하라.

아! 너희 중앙과 지방의 관리들은 밤낮으로 게으르지 말고 시종일관 충성을 변치 말아라.

신하들에게 당부하는 만큼 스스로도 거듭 경계해 22년의 재위 기간 동안 한결같이 성실히 정사에 임했다.

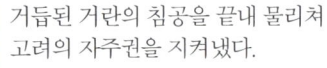

거듭된 거란의 침공을 끝내 물리쳐 고려의 자주권을 지켜냈다.

물론 우리 장수와 군사들이 몸바쳐 잘 싸워준 덕이지만흫

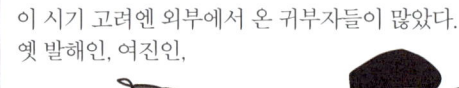

이 시기 고려엔 외부에서 온 귀부자들이 많았다. 옛 발해인, 여진인,

거란인, 송나라인까지 상당수의 외부인들이 귀부해왔고

고려는 이들을 기꺼이 받아들였다.

● 영업전(永業田): 양반·서리·군인 등에게 지급했던 상속 가능한 토지.

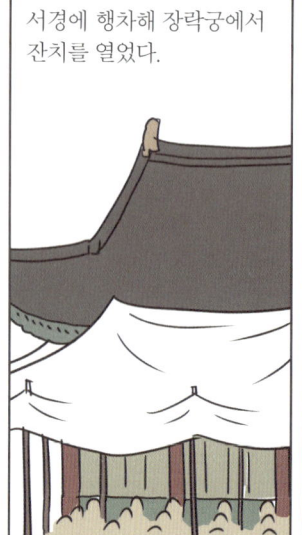

사관 최충의 평이다.

《좌전》에서는 '하늘이 장차 흥기시키려 한다면 누가 막을 수 있겠는가'라고 하였다. 천추태후가 방탕하고 황음하게 굴면서 몰래 왕위를 찬탈하려 하자 목종은 백성들의 기대를 알고 나라의 기반을 굳혔으니 위의 말을 어찌 믿지 않으리오? … 반정한 뒤에는 오랑캐와 화호를 맺고 전쟁을 멈추고 문덕을 닦으며 부세와 요역을 가볍게 하고 준수한 인재를 등용하고 정사를 공평하게 하여 서울과 지방이 편안하고 농업과 잠업에 풍년이 들었으니 나라를 중흥시킨 임금이라 할 수 있다.

이제현은 또 공자가 우임금에 대해 한 말을 빌려 이렇게 평했다.

최충의 말은 이른바 천명이다… 왕이 천명만 믿고 욕심을 부려 법도를 파괴하면 비록 나라를 얻었다 해도 반드시 잃고 마는 것이다. 이런 까닭에 군자는 세상이 다스려질 때에 어지러워질까 생각하고 편안할 때에 위태로워질까 생각하여 끝을 신중히 하기를 처음과 같이 하여 천명에 보답하니, 현종과 같은 이는 이른바 공자께서 이르신 대로 '말이 필요없는 군주'라 하겠다.

덕종과 정종

현종의 맏아들로 왕위를 이은 제9대 임금 덕종.

열여섯 어린 나이에 왕위에 올랐지만 안정감 있는 행보를 보였다.

"역시 그 아버지에 그 아들이셔."

"어려서부터 총명하고 결단력이 있었지."

부왕 현종의 일을 고치지 않고 무난히 이어나갔는데,

거란과의 관계엔 다시 긴장이 일었다.

이번의 긴장은 고려가 주도적으로 조성한 것이었다.

"거란은 지금 황제(성종)가 죽고 새 황제가 들어서면서 부마였던 이가 반란을 일으키는 등 혼란스런 상황이옵니다."

"때를 틈타 저들에게 압록강에 지은 다리를 부수고 억류한 우리 사신들을 돌려보내라고 요구하소서"

이어 들어오는 거란 사신을 압록강에서 돌려보냈다.
돌아가라고? 감히 우리를 이렇게 대해?

평장사 유소는 좀 더 강경한 주장을 폈다.
압록강 동쪽은 우리 땅인데 저들이 멋대로 성을 쌓아 차지하고 있으니 쳐부수라는 명을 내려주소서!

왕가도 등이 거들었지만
유소의 주장이 옳사옵니다. 때를 놓치지 말고 출병의 명을 내리소서!

이 건은 반대가 훨씬 많았다.
전쟁이 끝난 지 겨우 십여 년인데 다시 백성을 재난 속으로 끌고 가셔야 되겠나이까? 출병은 아니 되옵니다.
그러하옵니다!
태묘에 가서 점을 쳐보고 결정하자.
불길(不吉)로 나왔사옵니다.

덕종은 거란의 성을 공격하지 않는 대신 만일의 사태에 대비해 유소에게 대역사를 맡겼다.
압록강이 바다로 들어가는 곳에서부터 동쪽으로 열세 성을 거쳐 동북면의 성까지 이어 동해에 이르게 장성을 쌓도록 하라.
이 일은 십여 년에 걸쳐 이루어졌지. 높이와 폭이 각 25척으로 뒷날에 천리장성으로 불리게 되는 바로 그 장성이야.

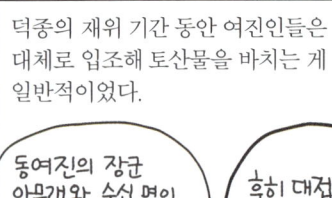

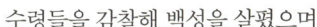

태평성세를 이룬 문종

현종의 아들 중 셋이 형제 계승으로 잇달아 왕위를 이었다.

제11대 임금이 된 문종의 나이는 스물여덟.

그 역시 부왕과 형들을 닮아 총명하고 부지런했는데

형들과 결정적으로 다른 것이 있었으니

바로 수명이었다.

형들과는 달리 난 예순다섯 살까지 살았지. 재위 기간은 무려 37년!

이제현은 말한다.

현종, 덕종, 정종, 문종 네 임금은 아버지의 일을 아들이 잇고 형이 죽으면 아우가 받아서 거의 80년 동안 성대하였다고 할 수 있다.

문종은 절약과 검소를 몸소 행했고 어진 인재를 등용했으며 백성을 사랑해 형벌을 신중히 했다. 학문을 숭상하고 노인을 공경했으며 벼슬은 적임자가 아니면 내리지 않았고 권력은 근시에게 옮겨지지 않아서 비록 척리라도 공이 없으면 상 주지 않았고 총애하는 근신이라도 죄가 있으면 반드시 벌주었다. … 긴요하지 않은 관직을 생략하여 일이 간편했고 비용이 절약되어 나라가 부유해지니 창고의 곡식이 해마다 쌓여가고 집마다 넉넉하고 사람마다 풍족하니 당시에 태평이라 일컬었다.

그야말로 모범 군주!

37년에 걸친 문종 재위기의 일들을 좀 더 구체적으로 살펴보자.

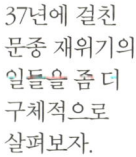

문종은 먼저 법률의 정비와 제도화에 힘썼다. 즉위 이듬해에 문종이 내린 명이다.

법률은 형벌을 부과하는 기준이니 그것이 명백하면 억울하거나 지나친 형벌이 없게 되고 명백하지 못하면 형벌이 공평성을 잃게 된다.

현재 시행되고 있는 율령 중에 더러 그릇된 것들이 있어서 참으로 마음에 걸린다. 시중 최충으로 하여금 율관들을 모아 세밀하게 검토하고 바로잡게 하라. 서업(書業)과 산업(算業)도 잘 살펴서 바로잡도록 하라.

제2장 태평시대

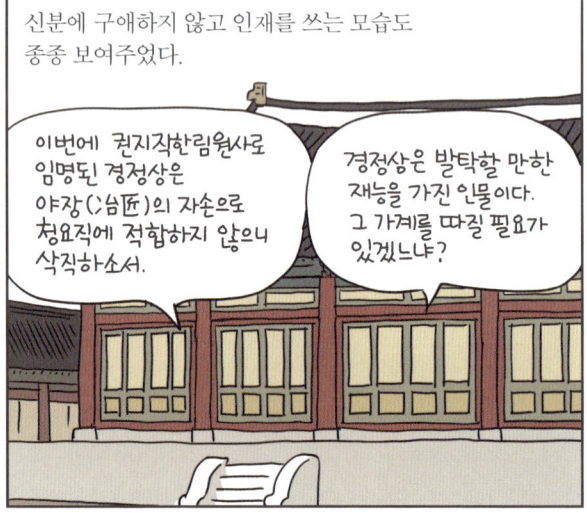

● 불역(不易), 일역(一易), 재역(再易): 불역은 해마다 경작, 일역은 1년 쉬고 1년 경작, 재역은 2년 쉬고 1년 경작하는 것을 말한다.

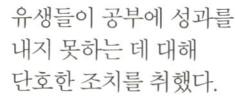

국자감을 찾아 공자의 사당에 두 번 절하며 유교에 대한 존중을 보이는 한편

공자는 모든 임금의 스승이거늘 어찌 존경하지 않겠느냐?

유생들이 공부에 성과를 내지 못하는 데 대해 단호한 조치를 취했다.

요새 학업을 폐하는 자가 많은 것은 학관에게 그 책임이 있다. 이제부터 정밀하게 더욱 권면하여 연말이 되거든 잘못을 가려 퇴직과 유임을 결정하라.

유생은 국자감에 머문 지 9년, 율생(律生)은 6년이 되도록 성취가 없는 자는 내치도록 하라.

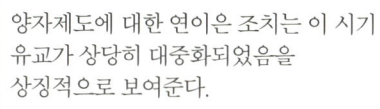

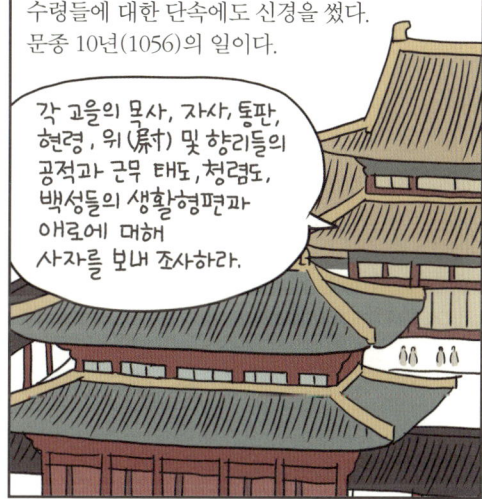

양자제도에 대한 연이은 조치는 이 시기 유교가 상당히 대중화되었음을 상징적으로 보여준다.

자손이나 형제에게 자식이 있는데 성이 다른 아이를 길러 양자로 삼는 것은 금하노라.

또한 형제나 손자 항렬을 양자로 삼는 것도 금지한다.

칫! 왕실은 오누이 간, 삼촌 조카 간 결혼도 하면서

글쎄

수령들에 대한 단속에도 신경을 썼다. 문종 10년(1056)의 일이다.

각 고을의 목사, 자사, 통판, 현령, 위(尉) 및 향리들의 공적과 근무 태도, 청렴도, 백성들의 생활형편과 애로에 머물러 사자를 보내 조사하라.

뜻은 좋으나 사자들을 영접하느라 역로의 백성과 역리들이 힘들 것입니다.

그러하옵니다. 명을 거두심이 어떠하올는지요?

그렇지 않다. 근래에 수령들이 공무는 게을리하고 사리사욕만 도모하며 토호들과 결탁하여 가혹한 형벌까지 동원해 백성을 수탈하고 있다.

임명된 사자들은 지체 없이 각자 맡은 곳으로 떠나라.

그럴 경우엔 우두머리를 붙잡아 목 베었고

조회하러 왔지만 반역했던 전과가 드러난 이들은 강제 억류하기도 했다.

상당한 무장 대오를 이루어 변방을 침범하는 경우도 있었다.

문종 10년(1056) 동번의 여진이 변경을 자주 침범하자 김단을 시켜 토벌하게 했다.

적을 앞에 두고는 집을 생각하지 않고 한 몸을 나라에 바치는 것이 우리의 직분 아니더냐?!

우리의 생사는 오늘의 싸움에 달렸다!

사기충천한 김단의 고려군은 여진 부락 20여 곳을 부수고

숱한 병기와 말, 양 들을 전리품으로 취하였다.

최충과 이자연

문종 대를 대표하는 인물로는 최충과 이자연이 있다.

최충은 목종 때 과거에 급제하고 이후 현종, 덕종, 정종기에 거듭 승진하더니

문종 초 마침내 문하시중에 올랐다.

왕명을 받들어 율령과 서산(서법과 수학)을 연구해 제도를 마련했다.

문종 7년(1053), 나이 일흔이 되어 물러나기를 청하자 왕은 다음과 같은 조서를 내려 만류했다.

> 시중 최충은 여러 해 동안 유학의 종장이었으며 삼한의 덕을 이룬 사람이다. 지금 비록 늙었다며 물러나기를 청하지만 차마 허락할 수 없다. 마땅히 해당 관청에서 궤장*을 내려주고 일을 보게 해야 할 것이다.

● 궤장(几杖): 임금이 공이 많은 늙은 대신에게 하사하던 의자와 지팡이.

뒤에 중서령을 삼고서야 벼슬을 마치게 했다.

하지만 그가 은퇴한 후에도 국가의 대사는 모두 최충에게 가서 자문했고

그가 죽자 다음과 같은 조서를 그의 아들 최유선에게 내려 조문했다.

경의 부친은 봉황새처럼 얻기 어려운 현자였으며 고관대작들의 귀감이었다…
은퇴해서는 임금을 도와 적지 않은 울타리가 되더니 이제 죽으매 공자께서 돌아가신 듯한 슬픔을 느낀다.

최충은 물러나 있던 몇 해 동안 학당을 세우고 후진을 양성했다.

학당은 낙성재, 대중재, 성명재 등 아홉 동으로 구성돼 있고 밖에서 시중최공도라 불렀다네.

공도란 학당을 이르는 말!

과거를 보고 싶다면 일단 시중최공도에 들어가야.

순종, 선종, 헌종

문종의 뒤를 이어 고려 제12대 임금이 된 순종의 이때 나이는 서른일곱.

아버님 흑흑~

여덟 살에 태자에 책봉되고

거의 30년을 태자로 있었다.

문종 말년엔 부왕을 대신해 과거 시험을 주관하거나 사신을 접대하는 등의 역할을 했다.

그러나 본래 병이 있었던 데다

부왕의 죽음에 지나치게 슬퍼한 것이 독이 되었다.

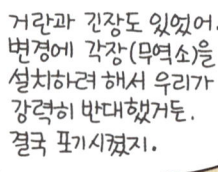

2년 뒤 재위 11년(1094)에 병을 얻었는데

일어나지 못하고 세상을 떴다. 향년 46세.

장성한 동생들을 제치고

열한 살의 태자에게 왕위가 승계되었다. 헌종이다.

총명하여 한번 들은 것은 잊어버리는 일이 없었고 글과 그림을 좋아했다.

하지만 나이가 어려 모후인 사숙태후가 섭정하게 되었는데, 그녀는 이자연의 손녀.

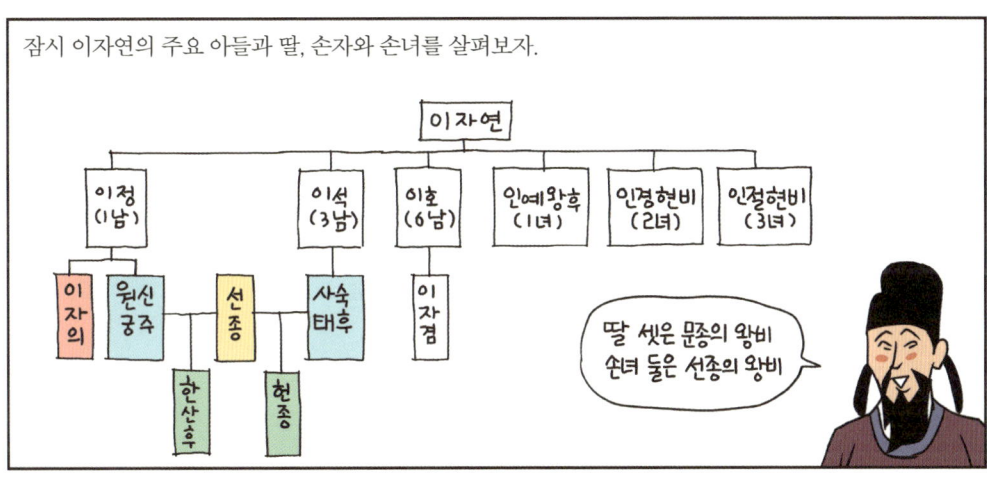

상업 진흥을 꿈꾼 숙종

문종의 3남으로 마흔둘의 나이에 제15대 임금이 된 계림공 왕희, 숙종.

사실상 조카를 몰아내고 왕위에 올랐다.

뭐 역사상 종종 있었던 일이지.

조선 세조

왕건이 남긴 승계의 원칙.

장자 계승이 상례이지만 부족하면 형제에게

그동안 이 원칙은 무리 없이 잘 지켜져 왔다.

혜종-정종 승계는 빼더라도

정종-광종, 덕종-정종-문종, 순종-선종 이렇게 네 번이나 형제에게 계승시켰지.

그런데 선종이 죽음을 눈앞에 뒀을 때는 사정이 조금 달랐다.

숙종은 어려서부터 총명하고 학식도 높은 데다 과단성이 있어서

부왕 문종은 종종 이런 말을 했다고 한다.
"장차 왕실을 부흥시킬 사람은 바로 너다."
"과연 저런 말을 했을까요? 태자가 엄연히 따로 있는데"

필요할 때 결단해 왕위에 오른 숙종은 두 가지 남다른 사업을 추진해나갔다.

즉위한 이듬해 종6품 산직에 해당하는 위위승동정 김위제가 글을 올려 남경(오늘날 서울) 천도를 청했다.

《도선기》에 이르기를, 고려국에 세 곳의 서울이 있으니 송악이 중경, 목멱양이 남경, 평양이 서경이 되는데 11월~2월은 중경에, 3~6월은 남경에, 7~10월은 서경에 머무르시면 36국이 와서 조회한다 하였나이다. 또 이르기를 개국 뒤 160년이 지나 목멱양에 도읍한다 하였으니 지금이 바로 새 서울에 순주(巡,駐)할 때이옵니다.

이때엔 별다른 반응을 보이지 않았지만

3년 뒤 왕비, 원자와 함께 양주에 거동해 도읍으로 정할 땅을 살폈다.

● 임좌병향(壬坐丙向): 서북을 등지고 동남을 바라보는 방향.

완안부의 지도자 영가(뒤에 금나라를 세운 아골타의 숙부)는

고려에 사신을 보냈고

숙종도 사신을 보내 화답했다.

"예전엔 우리에게 조회했던 이들이나 무시해버리기엔 너무 컸어."

그러나 직후 영가가 죽고 조카인 오아속이 뒤를 이었는데

오아속이 보낸 부대가 다른 여진 세력을 치며 정주의 관문 밖에 이르게 된다.

조정은 임간을 판동북면행영병마사로 삼아 대적하게 했으나,

훈련되지도 않은 군사를 몰아쳐 적을 공격했다가 태반이 죽는 패배를 당했다.

그러나 숙종은 복수를 이룰 수 없었다.
숙종 10년(1105) 서경에 행차했다가

병을 얻었다.

"아무래도 안되겠다. 병이 더 깊어지기 전에 개경으로 돌아가자. 서둘러 차비하라."

환궁길에 올랐으나 궁궐을 눈앞에 두고 장평문 밖 수레 안에서 훙서했다.
재위 10년, 나이 쉰둘이었다.

폐하—

숙종의 유언은 의례적이면서도 신선함이 있다.

… 천명은 믿기 어려우니 수명의 장단은 분수에 맡기려니와 나라의 기틀은 지극히 중하니 어찌 당부의 말을 잊을 수 있겠는가? 왕태자는 … 장례를 치르기 전 나의 영구 앞에서 곧장 즉위하라. 나라의 모든 중요한 정무는 모두 내 뒤를 잇는 임금의 결재를 받아서 처리할 것이며 지방의 진(鎭)과 주, 목의 수령은 현 임지에서 애도할 뿐 멋대로 임지를 이탈하지 말도록 하라.
장례는 이일역월(以日易月: 날수로 달수를 대신함)로 계산해 빨리 끝내고 무덤은 되도록 검소하게 하라.
아아! 생사의 이치를 알면 죽는 자에게 아무런 미련이 없게 마련이니 살아 있는 사람들은 나라의 장구한 앞날을 위해 건강을 보존해야 할 것이다…

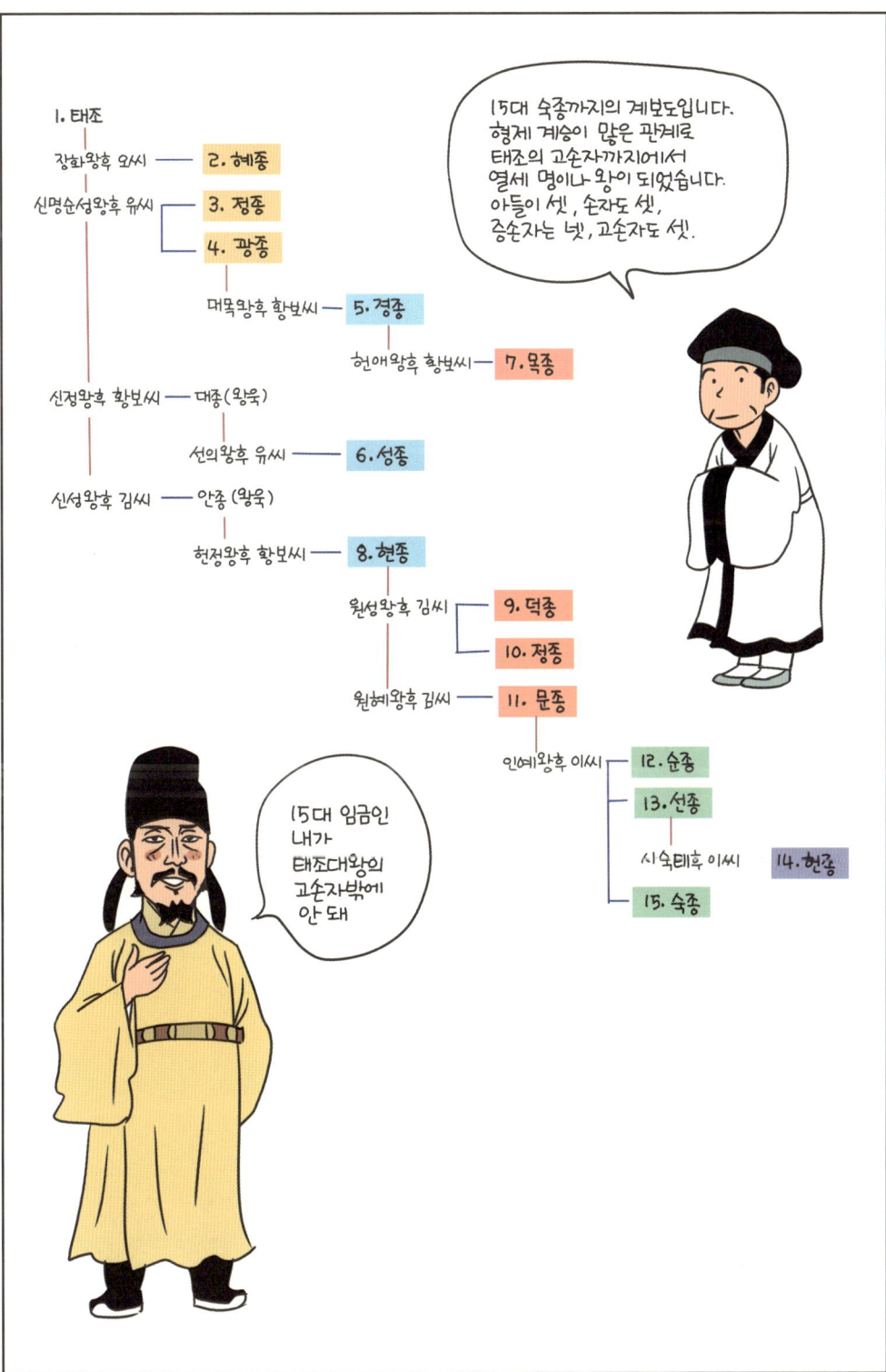

제3장

떠오르는 여진과의 관계

| 1105 | 예종 즉위
| 1107 | 여진 정벌군 출병
| 1108 | 동북 9성 구축
| 1109 | 여진에 9성 반환
| | 국자감에 7재 설치
| 1114 | 요, 여진 협공 제안
| 1115 | 여진, 금나라 건국
| 1117 | 내원성과 포주성 회복
| 1119 | 금, 고려 사신 거부
| | 고려, 장성 증축
| 1125 | 금, 송과 연합해 요 격멸

◀ **압록강**
한반도에서 제일 긴 강인 압록강은 백두산 천지에서 발원하여 한반도와 중국 동북 지방 사이의 국경을 이룬다. 서희의 외교로 강동 6주를 차지하면서 고려의 북쪽 경계가 처음으로 압록강까지 미치게 되었다.

여진 정벌과 동북 9성

윤관을 원수로, 오연총을 부원수로 삼아 여진 정벌의 지휘를 맡겼다.

신이 일찍이 선대왕의 밀지를 받들고 또 지금 엄명을 받으니 어찌 감히 삼군을 통솔해 적의 보루 깨뜨리고 우리의 강역으로 만들어 지난날의 국치를 씻지 않겠나이까?

지형은 험하고 저들은 강성한데 우리가 과연 이길 수 있을는지요?

공과 내가 아니면 누가 죽을 땅으로 나가서 나라의 치욕을 씻겠소? 방침이 이미 결정됐는데 무엇을 미심쩍어하는 게요?

윤관과 오연총은 모두 과거에 급제하고 송과 거란에 사신으로 다녀온 적이 있는 문관 출신.

알겠습니다.

파이팅 합시다.

이리하여 예종 2년 12월, 윤관과 오연총이 이끄는 17만의 원정군이 출병했다.

둥둥둥둥둥....

한숨 돌린 윤관 이하 제장들은 중성대도독부로 옮겼다.

이때 도독부로 오는 도중 여진군을 만나 싸우다 패하여 고립된 부대가 있었는데
어떤 부대지?
권지승선 왕자지 장군의 부대로 보입니다.
왕…자지?
ㅋㅋ

척준경이 날랜 군사를 이끌고 달려가 구했다.
고맙소이다. 덕분에 살았소.
하하 뭘요 왕~자지 장군님.

얼마 뒤엔 여진군 수만 명이 웅주성을 포위해 곤란한 지경에 처했다.

군량은 얼마 남지 않았고 구원병은 이르지 않으니 큰일이오. 이 상태로 가다간 성안의 군사는 모두 살아남지 못할 게요. 공이 나가서 군사를 거두어 와줄 수 없겠소?

성의 책임자가 도움을 청한 상대는 바로 척준경. 그는 이때 웅주성에 있었다.
알겠습니다.

척준경은 군졸로 위장해 곧장 성을 빠져나왔다.

그러곤 정주성을 찾아 군사를 빌려

돌아와 적을 패퇴시키니

웅주성 사람들이 감격해 울었다.

척 장군니임~ 엉엉

병마부사 박경작이 글을 보내 반대하는 등 휘하의 반대가 제법 있었지만

무공을 이미 떨쳤으니 군사를 거두어 만전을 도모해야지 지금 다시 오랑캐 지경에 깊이 들어가 성을 설치함은 비록 이루긴 쉬울지 몰라도 지키기 어려울까 두렵습니다.

윤관은 계속하여 함주, 공험진, 의주, 통태진, 평융진에 성을 쌓아 북계의 9성을 구축했다.

9성의 반환

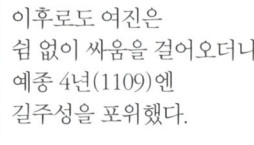

예종의 정치

고려 제16대 왕 예종은 스물일곱의 나이에 왕위에 올랐고

17년간 재위했다.

부왕의 뜻을 받들어 여진 정벌을 단행했고

지키기 어려운 현실을 수용해 9성을 반환했다.

이후 빠르게 힘을 키워가는 여진의 기세를 보면서 거란과 여진 사이에서 능숙한 처신을 보였다.

선왕들처럼 유교를 통치 원리로 삼으면서도 불교에 대해 존숭하는 태도로 일관했다.

일종의 궁중 도서관인 청연각, 보문각을 짓고는 《시경》,《서경》,《중용》,《주역》 등을 강론하게 했다.
오늘은 《서경》을 강하겠습니다.

사학이 융성해지면서 국자감의 위상이 전과 같지 않아.
그럼 안 되지.

국자감 내에 7재(7종의 전문강좌)를 설치했고
유학생 70명에 무학생 8명도 뽑더니 이후 유학생은 10명 줄고
무학생은 17명으로 늘었지.

이들의 학업을 지원하기 위해 양현고를 설치했다.
일종의 장학 기관인 셈.

여러 불교 행사에 성실히 임했고 절 행차도 잦았으며

왕사를 불러 불경을 강론하게 했다.

요와 금 사이에서

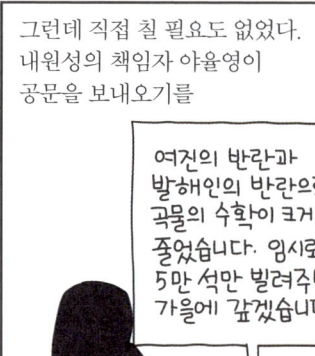

제3장 떠오르는 여진과의 관계

제4장

잇따른 정변

- 1122 예종 훙거, 인종 즉위
- 1125 금나라에 대한 칭신 수용
- 1126 이자겸의 난
  - 인종, 척준경을 포섭해 이자겸 축출
- 1127 척준경 유배
- 1128 인종, 묘청의 건의로 서경 순행
- 1129 서경에 대화궁 낙성
- 1131 대화궁에 팔성당 건립
- 1132 인종, 묘청·정지상 등이 서경천도를 건의하여 서경 행차
- 1134 김부식, 서경천도 반대
- 1135 묘청의 난
- 1136 김부식을 앞세워 반란 진압
- 1145 김부식, 《삼국사기》 편찬
- 1146 인종 훙거

◀ 보통문
평양시 신양리에 자리한 평양성의 성문으로, 6세기 중엽에 세워져 고려 때도 서경의 서문으로 유지되었다. 북한의 국보 문화유물 제3호로 지정되었다.

이자겸의 득세

재위 17년(1122) 향림정에서 잔치 중이던 예종.

통증이 있어 곧장 환궁했는데

작은 종기가 생겼나이다. 크게 염려하지 마소서.

그날 이후 병세가 급격히 악화했다.

태자를 부르라.

태자가 비록 어리긴 하나 덕행을 이미 갖추었으니 공들은 한마음으로 도와 조종의 유업을 망치는 일이 없도록 하라.

눈을 감으니 이때 나이 마흔넷.

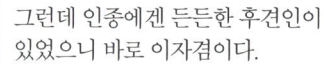

이자겸과 척준경

여진과의 충돌이 기회가 되었다.
타고난 힘과 용맹으로 연거푸 공을 세워

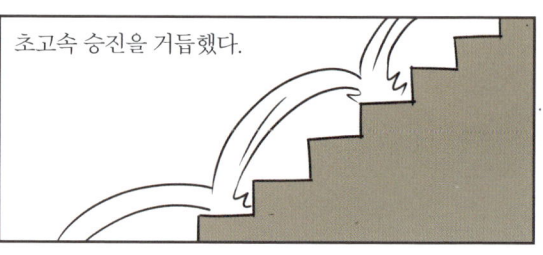
초고속 승진을 거듭했다.

이자겸과 사돈을 맺으며 그의 입지는 더욱 탄탄해졌고

"나 역시 척공의 딸을 며느리로 삼아 뒷배가 더욱 든든해졌지."

인종이 즉위한 뒤엔 지위와 권세가 이자겸에 버금갈 정도였다.

"무관 출신이면서 문관 인사를 총괄하는 이부상서를 역임했고 최고 실세인 문하시랑평장사까지."

"대단하다. 무관의 자랑!"

"척준경으로 하여 이자겸을 치게 하자? 음…… 그게 가능하겠는가? 이자겸과 사돈인 데다"

"지난번에 아우 준신이 살해되어 원한이 깊지 않겠는가?"

울분 때문인지 이자겸은 그해 말 유배지인 영광에서 죽었다.

척준경은 명실상부하게 고려의 최고 실력자로 부상했다.

그러나 그의 권세는 무척 짧았다.
척준경의 존재 자체가 인종에겐 부담이었다.

타고난 용력과 행동력으로 최고의 자리에 오른 척준경은

이자겸 같은 정치가가 못 되었다. 술수를 부리지도 않았고 자기 세력을 구축할 생각도 없었다.

뭐 하러 그래? 그렇게 욕심내다가 이자겸처럼 날라가라고?

이미 얻은 위치에 만족하며 될수록 오래가야지.

과연?

좌정언 정지상이 상소했다.

"병오년 2월 그때 주상께서 친히 신봉문 누각에 납시어 군사들을 타이르자 모두 갑옷을 벗고 환호했습니다. 그러나 척준경만은 왕명을 따르지 않고 군사를 협박해 계속 쳐들어가게 했고 궁궐을 불태웠습니다. 그리고 다음날엔 폐하를 좌우에 모시던 이들을 모두 잡아 죽였습니다. 진실로 천하의 악인!

5월의 일(이자겸 제거)은 일시적인 공적에 지나지 않으나 2월의 일은 영원히 남을 죄악입니다. 폐하께서는 차마 못하시는 마음이 있으나 어찌 일시의 공으로 만세의 죄를 덮겠나이까?"

이에 인종은 기다렸다는 듯 섬으로 유배해버렸다. 이자겸을 제거한 지 1년도 지나지 않은 때였다.

"정치질을 너무 안 했나?"

1년 뒤 고향인 곡주로 옮겨 살게 하고

"마님~"

그 2년 뒤엔 처자식이 함께 살 수 있도록 했다.

"척준경의 죄가 비록 크지만 공도 작지 않으니"

그리고 다시 14년이 지났다.

"척준경이 비록 신하로서의 도리를 잃었으나 사직을 보호한 공이 있으니 검교호부상서를 제수함이 옳다."

사실상의 사면 조치였지만 수십 일 뒤 등창이 나서 곡주에서 죽었다.

"직접적인 원인은 등창이지만 천수를 누렸다네. 이때 나의 추정 나이는 최소 여든 이상."

서경 세력의 부상

이자겸과 척준경을 모두 제거한 인종은 여러 대에 걸쳐 힘을 비축해온 신하들이 위협으로 느껴졌다.

이들 중 누가 또 다른 이자겸이 될지 어찌 알겠는가?

태조께서 삼한을 통일한 지도 어느덧 이백 년, 그동안 높은 벼슬을 하며 혼인 등으로 맺어진 저들 아닌가?

이때 왕의 눈에 한 사람이 들어왔다. 과거에 장원으로 급제했으며

최고의 문장이란 명성을 얻은 정지상이다.

그리고 중요한 건 이곳 개경에 세력이 없는 서경 출신이라는 거.

정지상은 같은 서경 사람인 승려 묘청에게 흠뻑 빠져 있었다.

일관(천문 관측과 점성을 담당하는 관원)으로 서경에서 근무하던 백수한 역시 묘청을 스승으로 모시며 뜻을 함께해왔다.

이들과 교류하며 동화된 정지상은 묘청의 주장을 설파하기 시작했다.

"개경은 이미 쇠하여 다 타서 남은 것이 없고 서경엔 왕기가 있으니 마땅히 폐하께서 옮겨가시어 상경으로 삼아야 할 것이외다."

설득된 이들이 다음의 글을 지어 관원들의 서명을 받아 왕에게 올렸다.

"묘청은 성인이요 백수한은 그다음이니 나라의 일은 모두 이들에게 물은 연후에 행하시고 그들이 건의하는 것을 다 받아들이신다면 정치가 이루어지고 나라가 보전될 것이옵니다."

여기 싸인

이때 서명을 하지 않은 관원은 우리 셋뿐.

평장사 김부식
참지정사 임원애
승선 이지저

인종은 미심쩍으면서도 한편으론 기대가 있었다.

인종 9년(1131)엔 묘청의 건의에 따라 대화궁 내에 팔성당을 마련하고

여덟 성인의 화상을 그려 안치하고 제를 올렸다.

"급히 하지 않아도 빠르며 가지 않아도 이르나니 이를 득일(得一)의 신명이라 하며 없으면서도 있고 실하면서도 허한 것은 대개 본래의 부처라 하노니 ……
명하여 화상을 그려 장엄하게 하였으니 현묘한 문 두들기며 흠향하기를 비나이다."

묘청 등의 주장과 행동은 갈수록 허무맹랑해졌다.

무관 출신으로 묘청의 일당인 최봉심이란 자는 이렇게 장담했다.

"폐하께서 삼한을 편히 다스리려면 서경의 세 성인(묘청, 정지상, 백수한)을 버리고선 함께할 사람이 없습니다.

나라에서 제게 장사 천 명만 주시면 금나라에 들어가 그 왕을 사로잡아 바칠 수 있습니다."

인종 10년(1132), 왕이 서경으로 행차하는데

갑자기 날이 어두워지고 폭풍우가 몰아쳤다. 호위군사들이 엎어지고 자빠졌으며

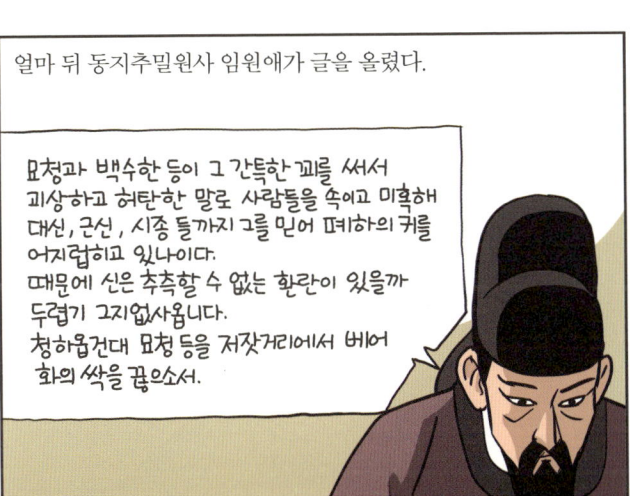

묘청의 난

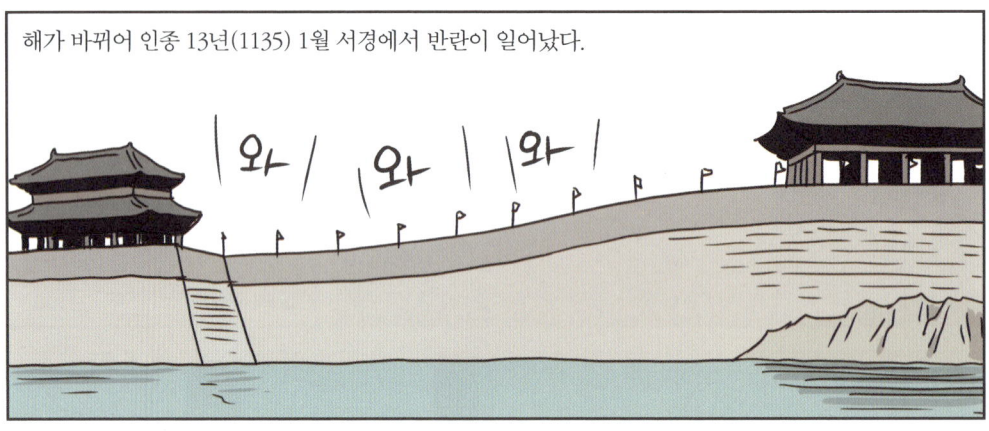

해가 바뀌어 인종 13년(1135) 1월 서경에서 반란이 일어났다.

묘청과 유참, 조광 등이 주도했다.

서경유수 이하 조정 관료들을 가두고

가짜 승선을 보내

서북면병마사와 휘하 장수들을 가두었다.

서경에 사는 개경 사람들을 구금하고

인접한 성의 말과 군사를 징발했다.
서경성으로!

나라를 세워 국호를 대위(大爲), 연호를 천개(天開)라 했다.

웬일인지 반란은 급작스럽게 이루어졌다.
왜긴? 폐하의 마음이 우릴 떠났기 때문이지. 뒤통수 맞기 전에 선수를.

무엇보다도 묘청 세력의 2인자, 3인자라 할 수 있는 정지상, 백수한이 개경에 있을 때 이뤄졌던 것이다.

제4장 잇따른 정변 195

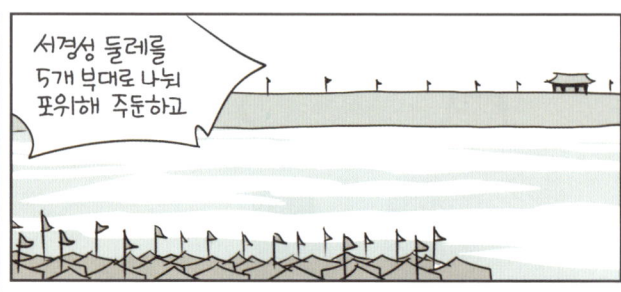

살아남아 항복을 청한 괴수급 최영 등

일곱 명은 효수되었다.

적극적이었던 가담자들은 '서경역적' 네 자를 자자해 먼 섬으로 유배했고

다음가는 자들은 '서경' 두 자를 자자해 향소부곡에 유배했다.

"향, 부곡은 신라 때부터 있던 특수행정구역이고 소는 고려에 들어와 생긴 특수행정구역으로 금,은,종이 등을 만들어 나라에 공급하는 일을 맡았죠."

"주민들은 다 천민으로 취급됐고"

묘청, 백수한, 조광, 정지상 등의 처자는 동북 여러 성의 노비로 삼았다.

고려의 정신적 고향이면서 제2의 수도였던 서경은 이후 그 지위를 잃고 반개경 세력의 중심지로 수차례 반란을 일으키는 요주의 변방으로 자리잡게 된다.

"뭐지?"

"서경에서 또 반란이 일어난 모양이야."

정지상과 김부식

김부식이 왕에게 고하지 않은 채 정지상을 죽이자 이런 수군거림이 있었다.

김부식과 정지상이 문장에 관한 한 쌍벽이었지.

그리고 시에 있어선 정지상이 사실 한 수 위였잖아.

그로 인한 열등감이 있었는데 기회를 틈타 죽여버린 거 아님?

김부식의 아비는 경주 출신이다. 과거를 통해 관료로 진출했으나 일찍 죽으면서

김부식은 어미 밑에서 자랐다.

김부필, 김부일, 김부식, 김부의(부철) 4형제는 모두 과거에 급제했을 뿐 아니라 문장으로 유명했다.

심지어 부일, 부식, 부의는 모두 나라의 문서를 관장하는 문한(文翰)의 일을 맡았으니 말 다했지.

형제들 중 가장 오래 살고 영화를 누린 이는 김부식.

정지상은 서경 출신으로

다섯 살에 이미 대동강에서 백조를 보고 이런 시를 지었다지.

何人將白筆
乙字寫江波

누가 있어 흰 붓으로
을(乙)자를 강 물결 위에 써놓았나

시인으로서의 명성은 독보적이었는데 압권은 대동강에서의 이별을 노래한 〈송인〉이다.

送 人

雨歇長堤草色多   우헐장제초색다
送君南浦動悲歌   송군남포동비가
大同江水何時盡   대동강수하시진
別淚年年添綠波   별루년년첨록파

님을 보내며

비 갠 둑엔 풀빛이 짙어가는데
님 보내는 남포엔 슬픈 노래 울리네
대동강 물은 언제나 마를까?
해마다 이별 눈물 푸른 물결에 더해지는 걸

김부식보다 16년 늦게 과거에 급제했고 상소 한 장으로 척준경을 몰아내면서 더욱 명성을 얻었다.

척준경의 공은 일시적인 것. 그러나 죄는 만세의 것.

정지상과 김부식은 여러 면에서 확연히 달랐다.

고구려의 옛 수도 평양 출신

음양, 풍수 신뢰.
묘청은 성인!
서경 천도!
금나라를 치고…

신라의 옛 수도 경주 출신

유학이 짱!
묘청은 사기꾼.
천도 반대!
금나라를 쳐?
미쳤군.

난을 평정한 이후 문하시중에 이르렀던 김부식은 인종의 명으로 최산보 등 10인의 도움을 받아 당대에 존재하던 국내외의 사료를 취합하고 정리해

《삼국사기》를 편찬해 올린다.

오!

진삼국사기표 (進三國史記表)

신 김부식이 아뢰옵니다.
옛 열국도 또한 각각 사관을 두어 일을 기록하였습니다.
……
성상 폐하께서는 요임금과 같은 문사(文思)를 타고나시고 우임금과 같은 근검을 체득하시어 정무에 골몰하던 여가에 전고(前古)를 두루 살펴보시고
'요즘의 학사와 대부 중에 《오경》, 《제자》와 같은 책이나 진, 한 역대의 역사에 대해서는 두루 통달하고 상세히 설명하는 자가 간혹 있으나 우리나라의 일에 대해서는 도리어 아득하여 그 처음과 끝을 알지 못하니 참으로 한탄스럽다' 고 말씀하셨습니다.

하물며 생각건대 신라, 고구려, 백제가 나라를 세우고 솥발처럼 대립하면서 예를 갖추고 중국과 교통하였으므로 범엽의 《한서》나 송기의 《당서》에는 모두 열전을 두었는데 중국의 일만을 자세히 기록하고 외국의 일은 간략히 하여 갖추어 싣지 않았습니다.
……
엎드려 바라옵나니, 성상 폐하께서는 소홀하고 거친 솜씨를 이해해주시고 멋대로 지은 죄를 용서하시며 비록 명산에 보관하기엔 부족하더라도 간장 단지를 덮는 데 쓰이지는 않았으면 합니다. 저의 구구하고 망령된 뜻을 하늘과 해님께서 굽어 살펴주소서.

삼가 본기 28권, 연표 3권, 지(志) 9권, 열전 10권을 찬술하고 표와 함께 아뢰어 성상의 눈을 더럽힙니다.

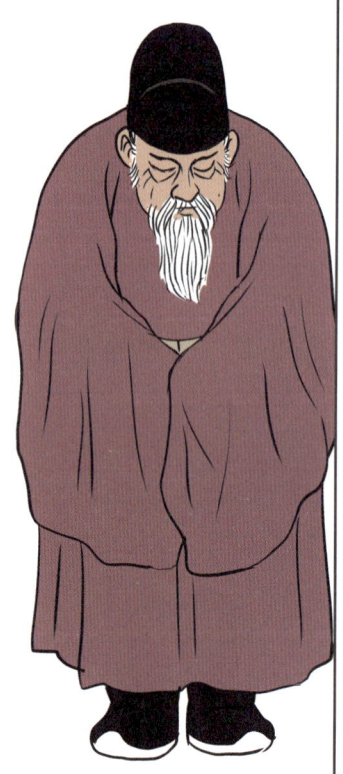

신채호의 비판 이래 김부식은 사대모화론자라는 평이 널리 퍼져 있다.

(묘청의 난은) 독립당 대 사대당의 싸움이며 진취사상 대 보수사상의 싸움. 묘청이 전자의 대표라면 김부식은 곧 후자의 대표!

유학자로서 중국의 문물에 대한 흠모는 있었겠지만 정치가로서 김부식은 고려를 중심으로 사고하는 현실주의자였고

작은 나라에서 고려가 생존하려면 금나라에 사대하는 게 당연!

역사가로서도 유학자로서의 정체성이 분명해 기록과 합리적 판단을 중시했지만 고려를 벗어난 중화주의자는 아니었다.

군자불어 괴력난신 술이부작의 원칙으로!

君子不言怪力亂神 述而不作!

군자는 괴이한 힘이나 어지럽게 신기한 일을 말하지 않고 기록이나 사실을 서술할 뿐 창작하지 않는다

사신의 수행원으로 와서 김부식을 만난 송나라 사람 서긍은 《고려도경》에서 그를 이렇게 평했다.

널리 배우고 많이 기억하며 글을 잘 짓고 고금의 일을 잘 알아 학사들에게 믿음을 받는 데서 그보다 앞설 사람이 없다.

의종 5년(1151) 77세를 일기로 세상을 떴다.

시호를 문열(文烈)로 하고 인종대왕의 묘정에 배향하라!

제4장 잇따른 정변 211

인종의 정치

● 보주는 예종 12년(1117) 금나라의 공격에 쫓긴 거란이 철수하자 고려가 내원과 함께 영토를 편입한 포주를 가리킨다.

해를 넘기지 못하고 서른여덟의 나이로 세상을 떴다.
김부식과 김신부의 인종에 대한 평이 다소 엇갈린다.

인종은 이자겸의 딸들을 폐비한 뒤 임원애의 딸을 왕비로 삼았는데

왕비, 곧 공예왕후 임씨는 5남 4녀를 낳았다.

바글바글…

이들 중에서 첫째, 셋째, 다섯째가 차례로 왕위를 이었고 셋이 합쳐 59년간 재위했다.

의종 1146~1170 재위

명종 1170~1197 재위

신종 1197~1204 재위

그러나 그들은 새로운 시대를 마주해야 했다.

작가 후기

    2권은 제7대 왕 목종부터 제17대 왕 인종 때까지 150여 년의 시간을 다룬다. 목종-현종-덕종-정종-문종-순종-선종-헌종-숙종-예종-인종, 이렇게 열한 명의 왕이 휘리릭 지나가게 되어 왕들의 이름을 기억하기도 쉽지 않을 듯하다. 괜히 죄송스러운 마음이 든다.

    이 시기에는 고려라는 나라의 정체성이 가장 극명하게 드러난다. 변방의 작은 나라. 이웃한 북방에선 대륙을 호령하며 송나라에 굴욕을 안겨준 요나라와 금나라가 연이어 등장했다. 요나라는 송나라와 대적하기 위해서라도 배후의 고려를 최소한 중립화해야 했다. 이를 위해 채택한 방법은 군사를 동원한 엄포. 그렇게 1차 침입을 해서 원하는 바를 얻었지만, 압록강 일대를 고려에 넘겨주고 말았다. 이후 송나라와의 관계가 정리되자 고려에 넘겨준 땅이 못내 아쉬웠고 반환을 요구하며 두 차례나 더 대규모로 침공했다. 그러나 아무런 소득도 얻어내지 못한 채 물러나야 했다. 고려가 보여준 완강한 저항과 전투력 때문이다. 변방의 작은 나라 고려는 차돌처럼 단단한 나라였던 것이다.

    뒤이어 일어난 금나라는 이런 과정을 알았기에 아예 군사적으로 부딪힐 생각을 하지 않았다. 북방의 요나라나 금나라에 형식적으로 사대의 예를 갖추는 한편, 남쪽의 송나

라와도 음으로 양으로 관계를 이어나갈 만큼 외교적 수완도 뛰어나 훗날 조선의 광해군은 이때를 모델로 삼아 중립외교 노선을 폈더랬다.

2권을 마치면서 인상에 남는 이야기는 강조와 하공진의 사례다. 둘 다 요나라 황제로부터 신하가 되어줄 것을 요구받았는데 거절을 택해 죽음을 맞았다. 강조의 경우는 이미 왕을 시해한 역적의 이름을 얻었는데도 고려 왕실에 대한 충심을 저버리지 않았고, 하공진은 삼국지에서 조조가 관우에게 베푼 것과 대등한 대접을 받았음에도 일말의 미련 없이 죽음의 길을 갔다. 일제강점기 갖은 명분으로 친일의 길, 민족반역자의 길을 간 인사들이 떠오른다.

작가 후기

고려사 연표

성종

985 성종 4년
5월 송이 거란을 쳐서 연계를 수복하려고 사신을 보내 함께할 것을 요청하다.

986 성종 5년
1월 거란이 사신을 보내와 화친을 청하다.

990 성종 9년
12월 7일 조카 송을 책봉해 개령군으로 삼다.

991 성종 10년
10월 3일 압록강 밖의 여진을 백두산 밖으로 내쫓아 그곳에 살게 하다.

992 성종 11년
7월 1일 안종 욱을 사수현으로 귀양 보내다.

993 성종 12년
5월 서북계 여진이 거란이 침노하려 한다고 보고했으나 거짓으로 판단하고 방어하지 않다.
8월 여진이 다시 거란군이 이르렀음을 알리자 비로소 급함을 알고 여러 도에 군마제정사를 나누어 보내다.
10월 거란이 고려 침입을 개시하다. 박양유, 서희, 최양을 각각 상군사, 중군사, 하군사로 삼아 북계에서 거란을 막게 하다.
윤10월 3일 서희가 거란의 소손녕과 담판으로 화약을 맺다.

994 성종 13년
2월 거란의 연호를 시행하다.
4월 박양유를 거란에 예폐사로 보내다.
6월 원욱을 송에 보내 함께 거란에 보복할 것을 청했으나 송의 불응으로 국교를 단절하다.
날짜 미상 압록강 동쪽의 여진 부락을 물리치고 6주를 설치하다.

996 성종 15년
3월 거란에서 사신을 보내 왕을 책봉하니 책명을 받고 사면령을 내리다.
7월 7일 안종 욱이 유배지인 사수현에서 죽다.

997 성종 16년
8월 3일 동경에 행차하다.
9월 7일 병을 얻어 돌아오다.
10월 27일 조카 개령군 송을 불러 왕위를 전하고 훙거하다.

목종

997 목종 즉위년
12월 11일 모후 황보씨를 높여 왕태후로 삼다. 천추태후라 불리다.

998 목종 원년
7월 27일 서경을 호경으로 고치다.
12월 문무양반 및 군인의 전시과를 고쳐 정하다.

1003 목종 6년
날짜 미상 천추태후가 김치양과 통정해 아들을 낳고, 대량군 순을 핍박해 승려가 되게 하다.

1004 목종 7년
3월 과거법을 개정하다.

1009 목종 12년
1월 천추전 화재로 왕이 상심하여 병들다.
왕이 황보유의를 보내 대량군을 맞이오게 하다.
2월 2일 강조가 왕에게 절로 옮길 것을 청하다.
2월 3일 강조가 목종을 폐위하고, 대량군을 왕으로 옹립하다.

현종

1009 현종 즉위년
2월 강조가 사람을 보내 시해하니 목종이 훙거하다.

1010 현종 원년
윤2월 14일 연등회를 다시 열다.
7월 1일 거란이 사신을 보내 전왕의 사망에 대해 묻다.
10월 1일 거란과의 전쟁에 대비해 강조를 행영도통사로 삼아 거란을 방비하게 하다.
10월 8일 거란이 전쟁을 선포하자 사신을 보내 화해를 청하다.
11월 1일 거란 임금이 정벌에 나설

것을 알려오다.
11월 15일 팔관회를 다시 열다.
11월 16일 거란이 흥화진을 포위하자 양규 등이 성을 굳게 지키다.
11월 17일 최사위 등이 거란에 맞서 싸웠으나 거듭 패하다.
거란이 편지를 보내며 항복을 요구하나 고려가 응하지 않자 진군을 시작하다.
11월 24일 강조가 방심하다가 거란군에 대패하여 붙잡히다.
12월 16일 양규가 통주와 곽주를 수복하고, 거란은 서경 공략에 실패하다.
12월 28일 강감찬의 권유로 왕이 지채문의 호종을 받아 남쪽으로 파천하다.
12월 29일 창화현의 향리들이 왕의 일행을 해하려 하였으나, 지채문이 물리치다.
12월 30일 하공진을 거란 진영에 보내 강화를 요청하다.

1011 현종 2년

1월 1일 거란군이 개경에 들어와 태묘 등을 불태우다.
1월 3일 하공진이 거란 진영에 이르러 군대를 돌리라고 청하다. 거란이 이를 수용하고 하공진을 억류하다.
1월 7일 공주에서 김은부가 왕을 성심껏 모시다.
1월 8일 전주에서 절도사 조용겸이 왕의 일행을 억류하려 하였으나, 지채문이 저지하다.
1월 11일 거란군이 물러나다.
1월 13일 왕이 나주에 도착하다.

1월 16일 왕이 거란군의 철수를 아뢰는 서신을 받다.
1월 17일 김숙흥이 귀주에서 거란군을 격파하다.
1월 18일 양규가 무로대에서 거란군을 격파하다.
1월 22일 양규가 여리참에서 거란군을 격파하다.
1월 26일 왕이 전주에서 7일 동안 머무르다.
1월 28일 양규와 김숙흥이 전사하다.
1월 29일 정성이 압록강에서 거란군을 격파하고 여러 성을 수복하다.
거란군이 압록강 너머로 물러나다.
2월 4일 왕이 공주에 머물면서 김은부의 맏딸을 왕비로 맞다.
5월 2일 동북여진이 토산물을 바치다.
8월 동여진이 경주를 침략하다.
12월 하공진이 거란의 회유를 거부하며 절의를 지키다가 죽임을 당하다.

1012 현종 3년

4월 거란이 왕의 친조를 요구하다.
5월 2일 동여진이 동해 지역을 침략하자 문연 등을 보내 무찌르다.
6월 28일 왕이 거란 입조를 거절하자 거란이 고려를 침공해 6주를 차지하겠다는 조서를 내리다.

1013 현종 4년

3월 17일 거란이 사신을 보내 6주를 요구하다.
7월 18일 거란이 다시 사신을 보내 6주를 요구하다.

1014 현종 5년

9월 13일 거란이 또다시 6주를 요구하다.
10월 6일 거란이 통주를 침략했으나 물리치다.
11월 1일 김훈과 최질이 반란을 일으키다.
11월 3일 김훈이 무관의 문관 겸직을 요구하다.

1015 현종 6년

1월 22일 거란이 흥화진을 포위하고 통주를 침략하다.
3월 3일 왕이 서경에 행차하다.
3월 14일 연회를 틈타 김훈 등 무신 19인을 주살하다.
9월 12일 거란이 통주를 공격하다.
날짜 미상 거란이 선화진과 정원진을 점령하다.
곽원을 송에 보내 거란의 침공을 알리다.

1016 현종 7년

1월 5일 거란이 곽주를 침략하다.
1월 9일 거란 사신을 받아들이지 않다.
1월 27일 곽원이 송의 협조를 얻지 못한 채 돌아오다.
날짜 미상 송의 연호를 다시 시행하다.

1018 현종 9년

10월 19일 강감찬을 서북면행영 도통사로 임명하다.
12월 10일 강감찬이 거란의 소배압에게 맞서 흥화진에서 대승을 거두다.

날짜 미상 전국에 4도호, 8목, 56지주군사, 28진장, 20현령을 설치하다.

1019 현종 10년
1월 2일 거란군이 개경에 접근하자 강감찬이 경계를 강화하다.
1월 3일 소배압이 서신을 보내 군사를 돌릴 것이라고 알리다.
2월 1일 강감찬이 귀주에서 거란군을 대파하다.

1020 현종 11년
2월 거란에 사신을 보내 화의를 요청하다.
3월 8일 거란에서 사신이 오다.

1022 현종 13년
4월 거란에서 왕을 고려국왕으로 책봉하니, 다시 거란 연호를 사용하다.

1028 현종 19년
5월 7일 평해군을 침공한 여진을 격퇴하다.

1031 현종 22년
4월 28일 왕의 몸이 편치 않다.
5월 25일 태자 흠을 불러 후사를 잇고, 훙거하다.

덕종

1031 덕종 즉위년
10월 7일 거란에 사신을 보내 압록강에 세운 성과 다리를 허물고, 억류된 고려 사신을 돌려보내줄 것을 요청하다.
윤10월 5일 국자감시를 실시하다.
11월 28일 거란에 사신 파견을 중지하되, 요 성종의 연호는 그대로 사용하다.

1032 덕종 원년
1월 13일 거란 사신을 받아들이지 않다.

1033 덕종 2년
8월 25일 유소에게 명해 북쪽 경계에 장성을 쌓다.

1034 덕종 3년
9월 17일 동생 평양군 형에게 왕위를 계승하고, 훙거하다.

정종

1035 정종 원년
5월 21일 거란 내원성의 사신이 흥화진에 첩을 보내다.
6월 거란 내원성에 첩을 보내 답변하다.

1036 정종 2년
1월 어사대에서 외관 감찰을 청하니 이를 수락하다.

1037 정종 3년
9월 거란 내원성에서 첩을 보내 표문을 올리라고 하다.
12월 20일 거란에 사신을 보내 조공할 것을 요청하다.

1038 정종 4년
3월 14일 거란에서 고려의 조공을 허락한다는 조서를 보내다.
8월 1일 거란의 연호를 시행하다.

1039 정종 5년
2월 6일 거란에 압록강의 보루를 철거할 것을 요구하다.
4월 1일 거란이 보루 철거를 거부하는 글을 보내오다.

1046 정종 12년
4월 17일 왕이 병들다.
5월 19일 동생 낙랑군 휘에게 나랏일을 총괄하게 하고, 훙거하다.

문종

1047 문종 원년
4월 3일 최충을 문하시중으로 임명하다.
6월 5일 각종 법률 및 서업과 산업 등을 살펴 고치게 하다.

1049 문종 3년
5월 양반의 공음전시법을 제정하다.

1051 문종 5년
9월 1일 동북면을 침략한 여진을 물리친 군사를 포상하다.
10월 9일 동북면을 노략질한 여진을 물리치다.

1053 문종 7년
12월 최충의 사직 요청을 거절하고

궤장을 하사하다.

1054 문종 8년

7월 거란이 포주성 동쪽에 전투용 방벽을 설치하다.

1055 문종 9년

7월 1일 거란의 전투용 방책 설치에 항의하는 국서를 보내다.
7월 4일 최충을 은퇴시키고, 이자연을 문하시중에 임명하다.

1056 문종 10년

7월 17일 김단이 변경을 침범한 동번 여진을 물리치다.
9월 5일 무문사를 각 지방에 파견해 수령들을 단속하다.
9월 17일 계율을 어기는 승려들을 논죄하게 하다.

1057 문종 11년

4월 16일 거란에 궁구문 밖 우정을 철거할 것을 요구하도록 지시하다.

1058 문종 12년

8월 7일 내사문하성에서 송과의 통교를 반대하자 이를 따르다.

1063 문종 17년

3월 4일 거란에서 대장경을 보내오다.
5월 3일 복시를 열다.
8월 국자감의 학관과 생도들을 권면하고 경계하다.

1067 문종 21년

1월 11일 흥왕사를 완공하다.

1068 문종 22년

7월 11일 송 사람 황신이 와서 송 황제의 뜻을 전하다.

1071 문종 25년

3월 5일 송에 사신을 보내 표문과 예물을 전하다.

1072 문종 26년

6월 2일 송에서 의관을 보내오다.

1076 문종 30년

12월 양반전시과를 경정하다.

1078 문종 32년

4월 28일 송 황제의 뜻을 전달하는 사신에게 융숭히 대접하다.
6월 25일 송 황제의 조서와 예물을 받다.
7월 흥왕사 금탑이 완공되다.

1080 문종 34년

12월 1일 동번 여진의 난을 진압하다.

1083 문종 37년

5월 1일 왕이 병들다.
7월 18일 태자 훈에게 왕위를 전하고, 훙거하다.

순종

1083 순종 즉위년

10월 12일 왕의 병이 심해지다.
10월 23일 동생 국원공 운에게 국사를 맡기고, 훙거하다.

선종

1085 선종 2년

4월 7일 승려 의천(왕후)이 송으로 가다.
10월 14일 백좌도량을 열고 승려 3만 명에게 음식을 베풀다.

1086 선종 3년

5월 20일 거란이 압록강에 각장을 세우려 하자 중지할 것을 요청하다.
6월 승려 의천이 송에서 돌아오다.

1088 선종 5년

9월 거란에 사신을 보내 각장 설치 중단을 청하다.
11월 30일 거란이 각장 설치에 대해 회답을 보내다.

1094 선종 11년

윤4월 22일 왕이 병들다.
5월 2일 선종이 훙거하다. 태자 욱이 유명을 받들어 즉위하다.

헌종

1094 헌종 즉위년

6월 1일 왕의 모후를 태후로 높이니, 사숙태후이다.

1095 헌종 원년

7월 27일 이자의가 반란죄로 처형당하다.
8월 2일 숙부 계림공 희를 중서령으로 삼다.

10월 7일 계림공에게 왕위를 물려주다.
10월 미상 원신궁주와 한산후 형제를 유배 보내다.

숙종

1096 숙종 원년
8월 위위승동정 김위제가 남경으로 천도하기를 청하다.
12월 송사의 판결 기한을 준수하게 하다.

1097 숙종 2년
윤2월 19일 전왕 헌종이 훙거하다.
12월 주전관을 세워 화폐를 주조하고 유통한다는 교서를 내리다.

1099 숙종 4년
9월 남경 건립을 논의하다.
윤9월 6일 양주에 머물면서 도성 예정지를 둘러보다.

1101 숙종 6년
3월 11일 국자감에 서적포를 설치하다.
5월 장생고의 곡식을 은과 베로 바꾸도록 하다.
6월 은병을 화폐로 사용하다.
9월 남경개창도감을 설치하다.

1102 숙종 7년
9월 서경에 화천별감을 파견하다.
12월 처음으로 화폐를 주조하다. 주무와 점포를 설치하여 화폐를 사용하게 하다.

1103 숙종 8년
7월 27일 완안부 여진의 영가가 사신을 보내다.

1104 숙종 9년
1월 6일 완안부 여진 오아속의 군대가 정주 관문 밖까지 진격해오다.
1월 8일 임간에게 여진과의 전쟁을 대비하게 하다.
2월 8일 임간이 여진군과 전투해 패배하다.
2월 21일 윤관을 지휘관으로 임명해 출정시키다.
3월 4일 윤관이 여진과 전투를 벌이다.
5월 22일 남경의 궁궐이 완성되다.
6월 13일 여진이 화친을 청하다.
7월 27일 주현에 명령하여 주식점을 열고, 백성들에게 무역을 허락하여 화폐의 이로움을 알게 하다.
12월 윤관의 건의로 별무반을 창설하다.

1105 숙종 10년
8월 11일 왕이 서경에 가다.
9월 22일 왕이 병들다.
9월 23일 왕이 서경을 떠나다.
10월 1일 왕의 병이 심해져 금교역에 머무르다.
10월 2일 한밤중에 장평문 밖에 이르러 수레 안에서 훙거하다. 태자 우가 즉위하다.

예종

1107 예종 2년
윤10월 20일 여진 정벌군을 출병하기로 하고, 윤관을 원수로, 오연총을 부원수로 삼다.
12월 4일 윤관과 오연총이 전쟁을 시작하다. 여진인 400여 명을 술로 취하게 하고 섬멸하다.
12월 14일 고려군이 갈래를 나눠 여진 경내로 진격하다.
12월 15일 고려군이 승리를 거둬 4주에 성을 쌓다.

1108 예종 3년
1월 14일 척준경이 윤관과 오연총을 구하다.
1월 16일 이자겸의 딸을 왕비로 맞다.
1월 26일 척준경이 여진군을 격퇴하다. 고려 장수들이 중성대도독부에 모이다. 척준경이 권지승선 왕자지를 구원하다.
2월 11일 웅주성에서 여진군을 물리치다.
3월 30일 윤관이 북계 9성을 완성하다.
4월 8일 여진이 웅주성을 포위하다.
4월 9일 윤관과 오연총이 개선하다.
4월 23일 오연총에게 웅주를 구원하도록 하다.
5월 4일 오연총이 여진을 격퇴해 웅주를 구원하다.

1109 예종 4년
5월 미상 길주성이 여진에게 포위당하다.
5월 16일 오연총이 여진군과 싸워 크게 패하다.
5월 21일 윤관을 서북로에 파견하다.
5월 미상 왕이 신하들과 9성 환부를 논의하다.

6월 12일 여진이 강화를 청하다.
6월 27일 여진 요불 등이 내조하여 9성 환부를 간청하다.
7월 2일 9성의 반환 문제를 의논하니, 관리들이 모두 찬성하다.
7월 3일 여진 사신들에게 9성의 반환을 허락하다.
7월 18일 여진 사신들이 대대로 복속하며 조공을 바칠 것을 맹세하다.
7월 미상 9성에서 철수하다. 윤관과 오연총이 귀환하다. 중서성에서 윤관과 오연총의 패전한 죄를 아뢰다. 국자감에 7재를 두다.

1110 예종 5년
5월 13일 재상들이 윤관과 오연총을 탄핵하고 출근하지 않다.
6월 16일 송 황제가 고려가 요에 책봉받는 것을 양해한다는 밀지를 보내오다.
12월 7일 윤관과 오연총을 복직시키다.

1114 예종 9년
7월 국자감에 양현고를 설치하다.
10월 완안부 여진의 아골타가 반란을 일으키다.

1115 예종 10년
1월 아골타가 금을 건국하다.
8월 3일 요에서 여진 정벌 지원군을 요청하다.
8월 8일 여진 정벌 원조 요청을 논의하다.
11월 19일 요에서 지원군 파병을 독촉하다.

1116 예종 11년
4월 7일 금의 아골타가 사신을 파견하다.
4월 8일 요의 연호 사용을 중단하다.
8월 19일 금이 내원성과 포주성을 공격하여 거의 함락시키자, 왕이 금에 사신을 보내 내원성과 포주성을 돌려달라 청하다.
11월 미상 보문각을 설치하다.

1117 예종 12년
3월 3일 금이 요를 공격하자 요가 내원성과 포주성을 고려에게 돌려주다. 왕이 기뻐하며 포주성을 의주방어사로 고치고 압록강을 국경으로 삼아 관방을 설치하다.
3월 25일 금의 아골타가 보낸 서신에 대해 논란을 벌이다.
6월 6일 송 황제의 하사품을 천장각에 두게 하다.

1119 예종 14년
2월 21일 금에서 사신과 글을 보내다.
8월 3일 금에 글을 보냈으나 거부당하다.
11월 장성을 3척 증축하다.

1122 예종 17년
3월 23일 왕의 등에 종기가 나다.
4월 7일 왕이 위독해지자 태자에게 유조를 남기다.
4월 8일 왕이 훙거하다. 태자 해가 즉위하다.

인종

1122 인종 즉위년
7월 이자겸에 대한 대우를 두고 논란이 벌어지다.
12월 11일 한안인 등을 사형에 처하고, 문공미 등을 유배 보내다.

1124 인종 2년
5월 이자겸에게 조서를 내려 기복하게 하다.
7월 9일 이자겸을 조선국공으로 삼다.
8월 14일 이자겸의 셋째 딸을 왕비로 맞아들이다.

1125 인종 3년
1월 18일 이자겸의 넷째 딸을 왕비로 맞아들이다.
5월 1일 금에서 표문이 아니라는 이유로 국서를 받지 않다.

1126 인종 4년
2월 25일 김찬, 안보린, 지녹연 등이 이자겸과 척준경 주살을 모의했으나 실패하다.
2월 26일 이자겸과 척준경이 궁궐을 불태우다.
2월 27일 이자겸과 척준경이 왕의 측근을 죽이다.
2월 28일 이자겸이 지녹연을 죽이다.
3월 1일 이자겸이 왕의 거처를 자기 집으로 옮기다.
3월 25일 이자겸과 척준경이 금을 섬기는 데 찬성하다.
4월 11일 금에 칭신하는 표문을

보내다.
5월 20일 왕이 척준경을 시켜 이자겸을 잡아 가두게 하다.
5월 21일 이자겸과 그 처자를 유배 보내다.
6월 20일 이자겸의 두 딸을 왕비에서 내치고 임원애의 딸을 왕비로 삼다.
9월 8일 금이 고려에 들어가 있는 금의 백성을 돌려보내면 보주성을 하사하겠다고 지침을 보내다.
12월 12일 금에 사신을 보내 보주성에 대해 해명하다.

1127 인종 5년

3월 25일 척준경을 유배 보내다.

1128 인종 6년

6월 16일 송 사신이 금으로 가는 길을 빌려주기를 청하나, 왕이 거절하다.
8월 23일 왕이 묘청 등의 말을 듣고 서경에 가다.
9월 25일 임원역 부근에 새 궁궐터를 살피게 하다.
11월 28일 임원역 자리에 새 궁궐을 짓기 시작하다.

1129 인종 7년

2월 20일 새 궁궐이 완성되다.
2월 23일 왕이 새 궁궐에 머무르다.
3월 1일 왕이 새 궁궐의 건룡전에서 신하들의 하례를 받다.

1131 인종 9년

8월 팔성당을 설치하다.
9월 최봉심이 망령된 언행을 하다.

팔성에 제사를 드리다.

1132 인종 10년

2월 왕이 서경에 행차하다. 바람과 비가 갑자기 일어나며 낮이 어두워지다.
윤4월 묘청, 백수한 등이 기름 넣은 떡으로 속임수를 쓰다.
8월 임원애가 묘청, 백수한 등을 물리칠 것을 청하다.

1133 인종 11년

11월 이중, 문공유 등이 묘청과 백수한을 멀리하기를 청하다.

1134 인종 12년

3월 눈이 오다.
4월 서리가 내리다.
5월 미상 가뭄이 들다.
왕이 신하들에게 봉사를 올리게 하니, 임완이 묘청의 목을 베라고 간하다.
5월 29일 광주에 핏빛 비가 내리다.
6월 1일 동경에 지진이 일어나다.
6월 6일 대화궁 건룡전에 벼락이 치다.
9월 묘청의 무리가 서경 순행을 요청했지만, 김부식이 아뢰어 왕이 가지 않다.
12월 4일 황주첨이 묘청과 정지상의 뜻을 받아 칭제건원을 청했지만, 왕이 대답하지 않다.

1135 인종 13년

1월 4일 묘청 등이 서경에서 반란을 일으키다.
1월 7일 김부식을 원수로 삼아 서경 반란을 진압하게 하다.
1월 10일 정지상, 백수한 등을 참수하다.
1월 13일 관군이 전략회의를 하다. 김부식이 만전의 계책을 주장하다.
1월 21일 조광이 묘청과 유참을 참수하고 투항을 요청해오다.
1월 27일 서경에서 조광이 다시 반란을 일으키다.
2월 김부식이 서경성 둘레를 다섯 부대로 포위하다.
윤2월 서경 반란군 토벌 계책을 김부식에게 위임하다.
10월 김부식이 서경성 함락을 위한 준비 태세를 갖추고 토산을 쌓다.

1136 인종 14년

2월 19일 김부식이 서경성을 함락하다.
3월 16일 김부식을 문하시중으로 삼다.

1145 인종 23년

12월 22일 김부식이 《삼국사기》를 편찬해 바치다.

1146 인종 24년

1월 12일 금 사신을 접대하다가 왕이 병을 얻다.
2월 26일 왕이 훙서하다. 태자 현이 즉위하다.

고려 왕실 세계도

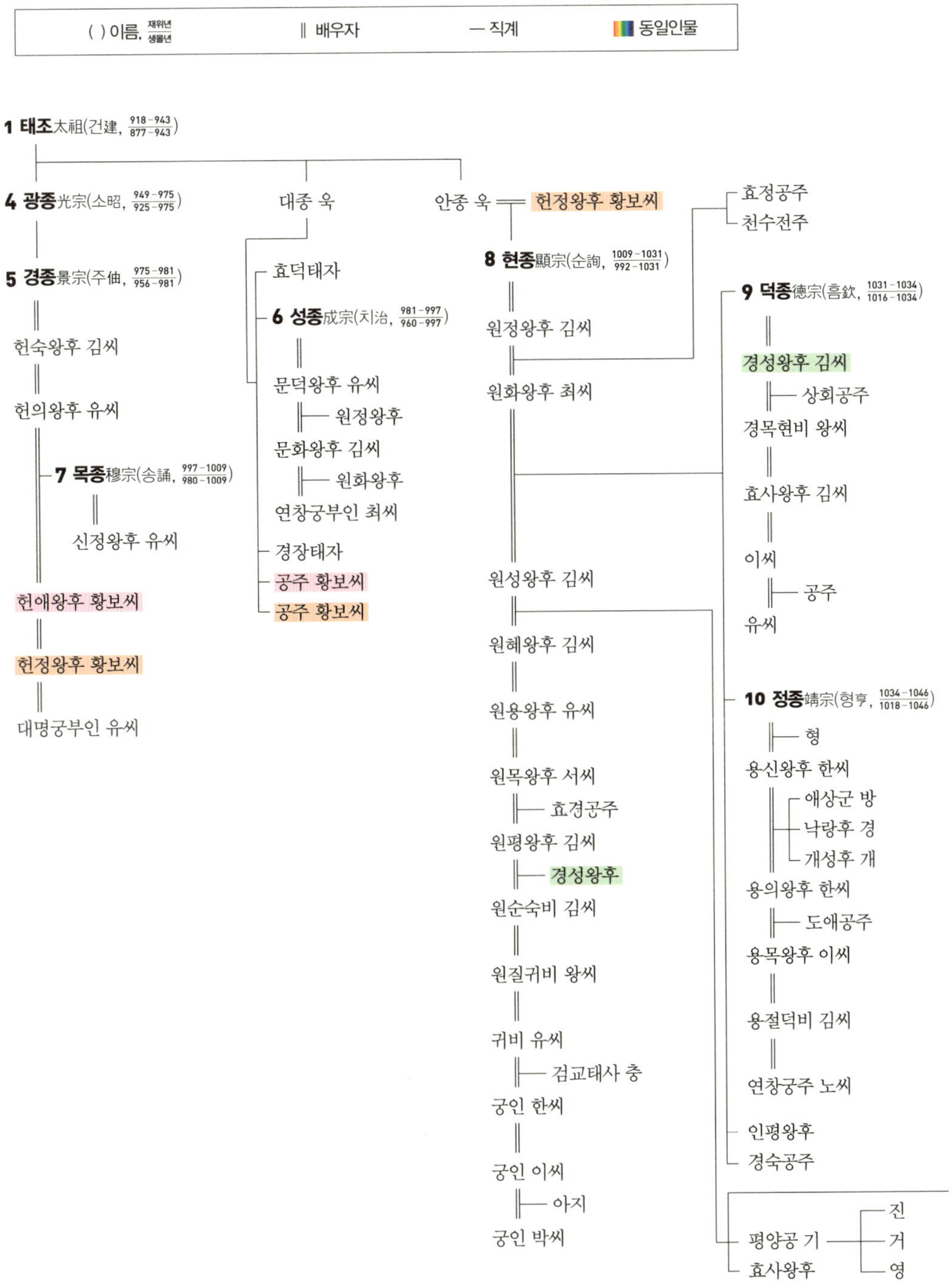

1 태조太祖(건건, 918–943 / 877–943)

4 광종光宗(소소, 949–975 / 925–975)

대종 욱

안종 욱 ═ 헌정왕후 황보씨

효정공주
천수전주

5 경종景宗(주주, 975–981 / 956–981)

효덕태자

6 성종成宗(치치, 981–997 / 960–997)

8 현종顯宗(순순, 1009–1031 / 992–1031)

9 덕종德宗(흠흠, 1031–1034 / 1016–1034)

헌숙왕후 김씨

헌의왕후 유씨

문덕왕후 유씨
├─ 원정왕후
문화왕후 김씨
├─ 원화왕후
연창궁부인 최씨

원정왕후 김씨

원화왕후 최씨

경성왕후 김씨
├─ 상회공주
경목현비 왕씨

효사왕후 김씨
║
이씨
├─ 공주
유씨

7 목종穆宗(송송, 997–1009 / 980–1009)

신정왕후 유씨

헌애왕후 황보씨

헌정왕후 황보씨

대명궁부인 유씨

경장태자
공주 황보씨
공주 황보씨

원성왕후 김씨

원혜왕후 김씨

원용왕후 유씨

원목왕후 서씨
├─ 효경공주
원평왕후 김씨
├─ 경성왕후
원순숙비 김씨

원질귀비 왕씨

귀비 유씨
├─ 검교태사 충
궁인 한씨

궁인 이씨
├─ 아지
궁인 박씨

10 정종靖宗(형형, 1034–1046 / 1018–1046)
├─ 형
용신왕후 한씨
├─ 애상군 방
├─ 낙랑후 경
├─ 개성후 개
용의왕후 한씨
├─ 도애공주
용목왕후 이씨
║
용절덕비 김씨
║
연창궁주 노씨

인평왕후
경숙공주

평양공 기 ─ 진 / 거 / 영
효사왕후

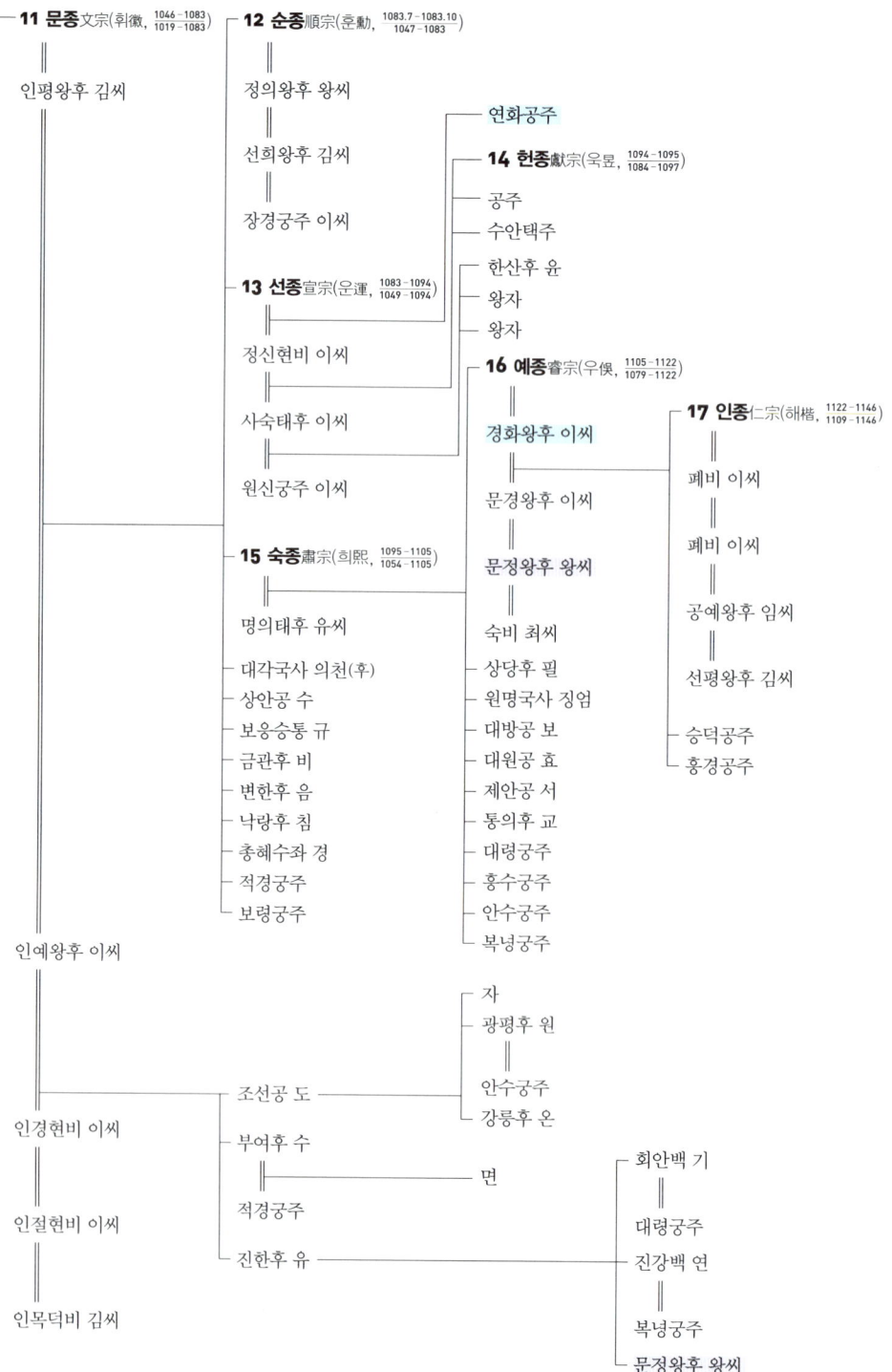

정사(正史)로 기록된 고려의 역사, 《고려사》와 《고려사절요》

고려에 관한 가장 풍부한 기초 자료집, 《고려사》

《고려사(高麗史)》는 고려 왕조의 역사를 충실하게 담고 있는 역사서로, 조선 초기 김종서·정인지 등이 세종의 교지를 받아 편찬했다. 오늘날 전하는 고려시대 역사서 가운데 가장 오래됐으며, 당대의 역사서는 물론 문집·묘지명 등 다양한 사료를 수록하여 세가 46권, 지 39권, 연표 2권, 열전 50권, 목록 2권 등 총 139권 75책으로 구성되어 있다. 특히 열전은 한 시대를 풍미한 인물 1,008명의 이야기를 담았으며, 인물 배치 순서에서 편찬 의도가 넌지시 드러나 《고려사》에서 가장 흥미로운 부분으로 꼽히기도 한다.

방대한 내용을 담았음에도 《고려사》는 엄격한 역사성과 객관성을 유지한 역사서로 평가받는다. 편찬자가 문장을 만들어내지 않고 엄정히 선택한 원 사료의 문장을 그대로 옮겨 적는 방식으로 엮었으며, 인물 평가도 한 개인에 대한 칭찬과 비판의 자료를 모두 기재하여 객관적인 서술 태도를 유지했다. 이렇듯 《고려사》는 고려 왕조사에 관한 가장 풍부한 기초 문헌이자 고려의 역사를 기록한 정사로서, 학술적·문화재적으로 그 가치를 인정받아 2021년 문화재청이 보물로 지정했다.

《고려사》를 보완하는 독자 중심 역사서, 《고려사절요》

《고려사절요(高麗史節要)》는 '절요'라는 명칭이 붙기는 했으나 《고려사》를 줄인 책이 아니라 서로 보완하는 성격을 지닌 35권 분량의 사서이다. 《고려사》 편찬을 마쳐 문종에게 바치는 자리에서 김종서는 기전체로 서술된 《고려사》가 사실을 자세히 기록하는 장점이 있으나 읽는 이에게 불편하니 역사적 사실을 종합해 시간순으로 서술하는 편년체의 사서를 편찬할 것을 건의해 문종의 승낙을 받았다.

《고려사절요》는 《고려사》에서 찾을 수 없는 기록도 포함하고 있으며, 연월을 꼼꼼히 기술하여 정치적 사건의 추이를 전하는 사료로서의 가치가 높다. 역대 역사가의 사론을 여러 곳에 실어 사학사상 연구에도 귀중한 자료이며, 《고려사》에 비해 왕보다 관료의 비중을 높여 기록한 점도 주목할 만하다.

박시백의 고려사 2 전쟁과 외교, 작지만 강한 고려

1판 1쇄 발행일 2022년 8월 1일
1판 6쇄 발행일 2024년 5월 13일

지은이 박시백

발행인 김학원
발행처 (주)휴머니스트출판그룹
출판등록 제313-2007-000007호(2007년 1월 5일)
주소 (03991) 서울시 마포구 동교로23길 76(연남동)
전화 02-335-4422 **팩스** 02-334-3427
저자·독자 서비스 humanist@humanistbooks.com
홈페이지 www.humanistbooks.com
유튜브 youtube.com/user/humanistma **포스트** post.naver.com/hmcv
페이스북 facebook.com/hmcv2001 **인스타그램** @humanist_insta
편집주간 황서현 **편집** 하빛 최인영 박나영 **디자인** 김태형
조판 홍영사 **용지** 화인페이퍼 **인쇄** 정민문화사 **제본** 정민문화사
사진 제공 12쪽 염승화 · 70쪽 박종진 · 124쪽 shutterstock · 156쪽 Alamy

ⓒ 박시백, 2022

ISBN 979-11-6080-876-6 07910
ISBN 979-11-6080-808-7 07910(세트)

- 이 책은 저작권법에 따라 보호받는 저작물이므로 무단 전재와 무단 복제를 금합니다.
- 이 책의 전부 또는 일부를 이용하려면 반드시 저자와 (주)휴머니스트출판그룹의 동의를 받아야 합니다.